胡适澄衷学堂日记

文匯出版社

胡适(右一)与澄衷学堂的同学合影(摄于 1906 年)

十八岁的胡适(摄于 1909 年)

學界用

丙午年

自治日記

胡洪騂

學者所以學為人也而
已非有他也
丙午夏五月適之
錄陸子語以自警

前　言

季羡林先生为《胡适全集》写序，开篇就说："在中国近百年来的学术史上、思想史上、文化史上、文学史上，甚至教育史上，胡适都是一个举足轻重的人物，一个矛盾重重的人物，一个物议沸沸扬扬的人物，一个很值得研究而又非研究不行的人物。"

记录胡适生平的文字资料，主要集中在以下两篇：一篇是胡适自己在 1930 年到 1932 年撰写的《四十自述》。另一篇是《胡适口述自传》；二十世纪五十年代，胡适在哥伦比亚大学用英语口述自传，1979 年唐德刚先生根据录音翻译整理出版。前者侧重于胡适去美国留学之前的生活；后者则偏重于他去美国留学之后的生活。

胡适 1891 年 12 月 17 日生于上海。两足岁的时候随父亲到台湾生活了一年，而后和母亲一起回故乡安徽绩溪。不久，父亲在从台湾返回故乡的途中去世，其时，胡适才三岁零八个月；也就是在这个年龄，胡适在家乡进了私塾，历经九年的私塾熏陶，胡适打下了比较厚实的国学基础。1904 年春天，胡适到了上海，开始了中学生活。

胡适小名胡嗣穈，学名胡洪骍，在澄衷学堂读书期间，受《天演论》"适者生存"的影响，自己取字"适之"。对于后来用胡适作为名字的由来，他自己说，在报考去美国留学时，"我怕考不取为朋友学生所笑，所以临时改用胡适的名字。从此以后,我就叫胡适了”。

本书汇编了记录胡适中学生活的部分史料,以供对胡适中学学习和生活有兴趣者参考。

一、胡适在中学读书期间的日记

在澄衷学堂读书时,胡适已经养成了写日记的习惯。1906年2月13日到7月26日,他写了一百篇日记。这些日记的手稿2003年才面世。由于一个多世纪的词义演变,以及个人书写习惯等原因,今天阅读胡适日记手稿往往会有一些文字方面的障碍,为方便读者,我们配以解读文字和部分注释。解读文字在忠于手稿内容的原则下,做出相应的文字处理。注释尽量简洁,需要注释的相同的人物和词语一般在第一次出现时加注。

对解读的文字,作如下说明:

1. 手稿均无断句,解读文字中均按现行习惯加上相应标点。

2. 手稿文字属繁体的,解读文字一律改为相应的简体字。

3. 手稿中的异体字,解读文字直接改用现在通用的字。

4. 手稿中凡原有着重号的文字,解读文字中仍然保留着重号。

5. 手稿中凡原有括号的,解读文字中仍然使用括号。

6. 手稿里紧接着中文句子或词语后的英文，凡属于补充说明的，以（　）标示。

7. 手稿中仅用英文而无中文标注的，解读文字中用【　】添加中文。

8. 手稿中凡疑属于笔误的字，解读文字里用〈　〉标注正确的字。

9. 手稿中凡疑属于赘字的，解读文字中用｛　｝标示。

10. 手稿中凡疑有漏字的，解读文字中用〔　〕添加相应的字。

对手稿文字的注释，作如下说明：

1. 对手稿中涉及的对胡适有较大影响的人物、著作、事件，作适当的注释。

2. 对词义因年代而产生的演变，现在阅读起来易产生歧解的词语，作适当的注释。

由于该日记是使用固定格式印刷的日记本，日记本上端原印刷着的名言佳句，胡适大多加以圈点，但大多与日记正文内容无关，解读文字不予呈现。日记本左侧印有“接人”、“通信”栏目，胡适时有记载，由于没有连贯性，解读文字也不予呈现。

该日记本上的“日期”中印有“来复”。“来复”语出《易经·复卦》之“七日来复”，后称一周为一来复，与“星期”之意相同。正文中不再注释。

二、《四十自述》节选

《四十自述》由七篇相对独立的文字组成，其中第三篇“在上海(一)”写于1931年3月，是回忆梅溪学堂和澄衷学堂生活的，占“自述”的百分之十五。这部分的文字，与他在澄衷学堂写的日记可相互参阅。故作为本书的附录。

笔者在由澄衷学堂延续而来的上海市澄衷高级中学工作了五十多年，接触和研究了澄衷学堂的一些历史资料。作为中学教师，在编注上述材料时，对胡适的中学生活以及中学生活对一个人终身素养的形成多有感触，写了《胡适的中学生活》，也作为本书的附录，以求教于方家。

CONTENTS

目录

前言

胡适澄衷学堂日记 （12）

四十自述(节选) 胡　适 //（220）

胡适的中学生活 张立茂 //（236）

正月小二十日來復二

存心則緝熙光明如日之升修容則正位凝命如鼎之鎮（曾文正）

正月二十日（陽曆二月十三日）

記學	記事	接人 往	接人 來
	澄衷開學 各科教習姓名如下 國文 楊千里 算術 郁耀卿 體操 劉子通 英文 丁蓮伯 圖畫 朱仲璞 理科 吳蔭階 唱歌 吳柳南		

通信 往	通信 來

正月小 二十日 来复二 （阳历二月十三日）[1]

记事：

澄衷[2]开学

各科教习姓名如下：

国文 杨千里[3]　英文 丁莲伯　理科 吴荫阶

算术 郁耀卿　图画 朱仲玙　唱歌 吴柳甫

体操 郑子通

①日记未记年。胡适1905年2月起在澄衷就读，据该日记本末页《自治日记补遗》所标为“丙午年”推，该年为光绪32年(1906)。故本书全部日记都是1906年所记，也是至今所见的最早的胡适日记。胡适生于1891年12月17日，时年14岁刚出头。

②澄衷，即澄衷学堂。澄衷学堂由清末著名实业家叶澄衷独自捐地捐款，创办于1900年，是我国第一所由中国人创办的班级授课制的现代学校。创办之初，校名为“澄衷蒙学堂”，第二年即因招收学生与“蒙学堂”之名不完全相符，改称为“澄衷学堂”。经过116年演变，现在校名为“上海市澄衷高级中学”，仍在创办时的原址。

③杨千里，参见本书第69页注①。

月　日來復

時＼星期	一	二	三	四	五	六		
第一	算術	〃	〃	〃	〃	〃		
第二	體操	讀文	體操	作文	體操	讀文		
第三	倫理	地理	物理	作文	地理	物理		
第四	歷史	歷史	習字	歷史	歷史	歷史		
第五	英文讀本	英文讀本	唱歌	英文文法	英文讀本	英文歷史		
第六	英文文法	英文地理	英文歷史	英文數學	英文地理	英文作文		
第七	圖畫	英文默書	英文作句	圖畫	英文演說	英文作文		

月　日來復

胡适抄录的1906年的课程表[①]

		六	五	四	三	二	一	星期 时	月日来复
		算术	算术	算术	算术	算术	算术	第一	
		读文	体操	作文	体操	读文	体操	第二	
		物理	地理	作文	物理	地理	伦理	第三	
		历史	历史	历史	习字	历史	历史	第四	月日来复
		英文历史	英文读本	英文文法	唱歌	英文读本	英文读本	第五	
		英文作文	英文地理	英文默书	英文历史	英文地理	英文文法	第六	
		英文作文	英文演说	图画	英文作句	英文默书	图画	第七	

①这是澄衷学堂（中学）最后一学年第一学期的课程表

二月初十日（陽曆三月四日）

今人略有些氣餒者只多是附物原非自立也若某則不識一字亦須還我〻堂地做個人

（陸子）

記學	記事	接人	
	今日為本齋自治會第一次開會之記念日追記	往	來
		通信	
		往	來

二月大 初十日 来复日 （阳历三月四日）

记事：

今日为本斋[①]自治会[②]第一次开会之记念日。（追记）

①斋，相当于年级。澄衷学堂创办之初，我国基础教育学制尚未成型。澄衷学堂仿中国书院编制，把不同文化程度学生编成的年级，称为“斋”。1906 年时，澄衷有 12 个班级，分东斋、西斋。一斋为相同学段的最高年级，二斋次之，以此类推，文化程度越低，斋的序数越大。胡适 1905 年 2 月进澄衷时编在东三斋，第二年即升入西一斋，并任西一斋班长。

②自治会，指澄衷学堂内的学生自治会。“本斋自治会”，即中学自治会；小学另有自治会。

二月大廿四日來復日

晴

心似菩提樹，意如明鏡臺。時時勤拂拭，勿使惹塵埃。（神秀）

二月廿四日（陽曆三月十八日）

記學

夜間天氣頗暖，輾轉不能寐，一切往事皆來襲余心，益煩悶不可耐。因自念當是心不能安靜之故，因披衣起坐，取《節本明儒學案》讀之。每讀至吳康齋與弼「人須整理心下，使教瑩淨常惺惺地方好」，又「責人密，自治疏矣」，又「人之病痛不知則已，知而克治不勇，使其勢日甚，可乎哉」等，宜自念小子心地[illegible]克治不勇者矣。

記事

下午偕余君成任、郭君傳治等以至奇芳吃茶。奇芳為星期日學生羣聚極多，蓋為學界中一會集所焉。又至中棋盤街購書。（留此·記及奇芳學生會話）與余君及趙君啟承等議於發起一閱書社，贊成者頗多。

接人

往	來

通信

往	來

二月大 廿四日 来复日 （阳历三月十八日）

记学：

夜间天气颇暖，辗转不能寐。一切往事皆来袭，余心益烦闷不可耐。自念当是心不安静之故，因披衣起坐，取节本《明儒学案》[1]读之。每读至吴康斋（与弼）[2]"人须整理心下，使教莹静常惺惺地，方好"；又，"责人密，自治疏矣"；又，"人之病痛，不知则已；知而克治不勇，使其势日甚，可乎哉"等，窃自念，小子心地龌龊，知而又克治不勇。危矣殆哉！

记事：

下午，偕余君成任〈仁〉、郭君传治等八人至奇芳吃茶。奇芳每星期日学生至者极多，几为学界中一会集所焉。

至棋盘街购书（"自治日记"及《华英学生会话》）。

与余君及赵君敬承等议，拟发起一阅书社，赞成者颇多。

①《明儒学案》黄宗羲著。黄宗羲（1610—1695），明清之际思想家、史学家。

②吴与弼，字康斋，（1391—1469），明朝学者。

晴

凡事之須逐日檢點者一日姑待後來補救則難矣況進德修業之事乎

（曾文正）

記學	記事	接人
	上午第二時體操列一長蛇陣先蜿蜒作螺旋形復迤邐伸開作成一字形離合變化頗饒趣味 擬閱女社衛章程稿	

接人 往	接人 來

通信 往	通信 來

二月廿五日（陽曆三月十九日）

二月大 廿五日 来复一 （阳历三月十九日）

上午第二时体操，列一长蛇阵，先蜿蜒作螺旋形，复迤俪伸开，仍成一字形①。离合变化，颇饶趣味。

拟阅书社②简章程稿。

①这是澄衷学堂体操课中的“行进变队”运动。后来由该校体育教师王怀琪（1892—1963）研究，发展到32种队形变化。

②阅书社，澄衷学堂内的学生社团。现在一般称为“读书社”。

二月廿六日（陽曆三月二十日）

雨

志于聲色利達者固是小勤

摸人言語底與他一般是小

（陸子）

記學

子輿氏有言「人有不為也而後可以有為」，恥之於人大矣。小子自念廉恥心頗具，惟名譽心太重，而致時矯揉文過之弊，竊痛革而未速也。孔子以「學者為己，為人」之戒，胡居仁「為學在聲價上做，即與道離矣」之語，輒以怵惕危懼不自已，記此所以自警也。

記事

閱書社章成立後已[illegible] 白振民先生許贊成，允以故算学三齋地假為社所，并允以本校蔵書相助，本社得此助力，大約不久日當可成立之見矣。

本齋讀英文歷史，前讀 Peter Parley's Universal History，此書所言上古史皆傳会神鬼如 God、Angel 之類，甚荒謬，學術因發起讀 Outlines of World's History 易之，已得英文教習允許矣。

往	來

接人

往	來

通信

二月大 廿六日 来复二 （阳历三月二十日）

记学：

子舆氏[①]有言：“人有不为也，而后可以有为”、“耻之于人，大矣”。小子自念颇具廉耻心，惟名誉心太重。每致矫揉文过之弊，欲痛革而未逮也。每念孔子“学者为己为人”之戒，胡居仁[②]“为学在声价上做，便自与道离了”之语，辄怵惕危惧不自已。记此所以自警也。

记事：

阅书社章成立后，已蒙白振民[③]先生赞成，允以故算学三斋地假为社所，并允以本校藏书相助。本社得此助力，大约不日当可成立矣。

本斋英文历史前读 Peter Parley’s Universal History【彼得·帕利《通史》】，此书为宗教家言，所言上古史皆傅会[④]神鬼，如 God、Angel【上帝、天使】之类充塞纸上，无裨学术。因发起请以 Outlines of the World’s History【《世界史纲》】易之，已得英文教习允诺矣。

①子舆氏，即孟子。

②胡居仁（1434—1484），字叔心，号敬斋，明朝理学家。

③白振民，参见第 125 页注①。

④傅会，现在一般用“附会”。

淡泊以明志寧靜以致遠

(諸葛武侯)

二月廿七日 (陽曆三月廿一日)

記學	記事	接人	
		往	來
	新讀之 Outlines of the World's History，著者為美人維廉司衛頓，中皆哲學家之解釋歷史之眾說，頗有至理。余甚喜之，擬暇日當為譯成漢文也。		

通信	
往	來

二月大 廿七日 来复三 （阳历三月二十一日）

记学：

新读 Outlines of the World’s History【世界史纲】，著者为美人维廉司卫顿，中皆哲学家言，解释“历史”之界说，颇有至理。余甚喜之，拟暇日当为译成汉文也。

學○始○於○不○欺○闇○室

（大程子）

記學
程子「學始於不欺暗室」一語，正足為小子終身之戒。

記事
今日集益會開第五次常會，特請楊千里師、郁耀卿師演說。郁師演說「演說之益」，中有「不得辭以讓焉」一語，尤為切中當今少年之弊。楊師演說「一會之成立與否，不在眾會員程度之高下，而僅在一二職員」，以職員之責任之重，係乎職員明晰之至。今日為本會成立一月之期，應重舉職員，余復被選為書記，以身兼數職，不能兼顧，辭之，以謝追不及。得復，乃定於星期三開特別會，提議選舉會。

接人	
往	來

通信	
往	來

二月大 廿九日 来复五 （阳历三月二十三日）

记学：

程子“学始于不欺暗室”[①]一语，正是为小子好名之戒。

记事：

今日集益会[②]开第五次常会。特请杨千里师、郁耀卿师演说。郁师演说“演说之道”，中有“不得肆口嫚骂[③]”一段，尤为切中当今新党少年之弊。杨师演说“一会之成立与否，在众会员程度之高下，不仅在一二职员”，以譬之一室之成于众石，明淅〈晰〉之至。今日为本会成立一月之期，应重举职员。余复被选为书记，以身兼数职，不暇兼顾，辞之。以期迫，不及议结，乃定于星期日开特别会提议，遂散会。

①程子，程颢(1032—1085)，北宋哲学家、教育家。学始于不欺暗室，语出“心无私欲，自然会刚；心无邪曲，自然会正。为善不求人知，求知非真为善；受谤不急自解，无辩可以止谤。勿作隐恶于暗室……”

②集益会，澄衷学堂内的学生社团。

③嫚骂，即谩骂。

二月三十日（陽曆三月廿四日）

風吹瓦墮屋，正打破我頭。瓦亦自破碎，豈但我血流。我終不嗔渠，此瓦不自由。（王荆公）

接		記事	記學
往	來	嚴君作謀手發起一理化研究會，邀余同為發起人，以講求不易，儀器無從購辦，不成反貽人笑，辭之。 閱報社發起以來，贊成者頗衆，捐助書籍者亦踴躍。	
通信			
往	來		

二月大 三十日 来复六 （阳历三月二十四日）

记事：

严君佐清等发起一理化研究会[1]，欲余同为发起人。以筹款不易，仪器无从购办，不成反贻人笑，辞之。

阅书社发起以来，赞成者颇众，捐助书籍者亦踊跃。

①理化研究会，澄衷学堂内的学生社团。

直須抖擻精神，莫要昏鈍，如救火治病然，豈可悠悠歲月。（朱子）

記學	記事	接人	
	本齋自治会開第三次常会，余提議數事（見後補遺），皆得会員贊成。此外彭君提議（亦見後）三時散会。鄭芳世君（同学）[illegible]自復旦來此，余與之別一年矣，握手相叙。後出，鄭君仲識手書致余，得知仲識已來復旦矣。集英会開第一次特別大會，提議余及余君戍仁、劉君侍卿等辭職事，余與之辯論數次，会員與不允，乃與之訂約而罷，暫緩辭職。	往	來
			鄭芳世
		通信	
		往	來
			劉暐

三月初一日（陽歷三月廿五日）

三月大 初一日 来复日 （阳历三月二十五日）

记事：

本斋自治会开第三次常会，余提议数事（见后补遗）[1]，皆得会员赞成。此外，数君提议（皆见后），三时散会。

郑芳世君（故梅溪[2]同学）自复旦来此，余与之别一年半矣。握手相叙，复出郑君仲诚手书致余，得知仲诚已来复旦矣。

集益会开第一次特别大会。提议余及余君成仁、郭君传治等辞职事。余与之辩论数次，会员终不允，乃与之订约而罢。（演说稿附后）

①是日日记中“见后”、“附后”的括注，其后均未见附录。

②梅溪，校名，原为（上海）梅溪书院，后改为梅溪学堂，又改为梅溪小学。由胡适父亲的朋友张焕纶创办。胡适来澄衷学堂就学之前，就在梅溪学堂就读一年。胡适的二哥三哥（孪生兄弟）也曾在梅溪书院读书。

三月初二日（陽曆三月廿六日）

初進學時速，後來遲，問何故遲？曰：如挽弓，到滿時發難開。（謝上蔡）

記事

西四學生前議發起一會，謂於今幼稚學生之具社會思想識不易得，故揭聯於集益會，曾提議此事，請舉一代表人為之釐定章程，繼以時迫不及選舉。昨日自治會開會，余君亦提議此事，繼由會員公舉余為代表人，余頗喜獲此責任，擬俟集學會代表人舉定之後，當與之商榷也。

記學

接人

往	來

通信

往	來

三月大 初二日 来复一 （阳历三月二十六日）

记事：

西四[①]学生前议发起一讲书会[②]。幼稚学生具社会思想诚不易得。故杨师于集益会曾提议，此事请举一代表人为之厘定章程。继以时迫，不及选举。昨日，自治会开会，余君亦提议此事。继由会员公举余为代表人，余颇喜担此责任。拟俟集益会代表人举定后，当与之商榷也。

①西四，即西四斋，是中学低年级的班级。

②讲书会，澄衷学堂内的学生社团。

Cer Weise lekommt alles von sich, der Thor alles von andern.
(The wise man gets everything from himself, but the fool get everything from others.) —Jean Pauc

智者一切求諸己　愚者一切求諸人　（袁波爾）

接人		記事	記學
往	來		靜坐憶及孟子楊子為我一章，其評論楊墨二氏皆有至理。其評楊氏則合識其太寶貴一己之靈魂軀殼之意，其評墨氏則含有於能闚其遠之意，其評子莫則陰寓守經執一不變之意。嘗謂孟子之所謂中者，即親親之教是也。楊則不及而墨則太過，子莫知其過不及而不能行之適當，此其所以見譏於孟子也。
通信			
往	來		

三月大 初三日 来复二 （阳历三月二十七日）

记学：

静坐忆及孟子“杨子为我”一章，其评论杨墨二氏皆有至理[①]。其评杨氏则含讥其太宝贵一己之灵魂躯壳之意，其评墨氏则含有范围太滥之意，其评子莫则隐寓守经不能变之意。窃谓孟子之所谓中者，即“亲亲之杀”[②]是也，杨则不及，而墨则太过；子莫知其过不及而不能行之适当，此其所以见讥于孟子也。

①对杨子的评价，出于《孟子·尽心上》：“杨子取为我，拔一毛而利天下，不为也。”

②“亲亲之杀”，语出《中庸》：“亲亲之杀，尊贤之等，礼所生也。”“亲亲之杀”的“杀”即做“等差”讲，此句的意思是说，礼是根据亲亲和尊贤的等差产生的。

三月大初四日來復三

習勞苦為辦事之本引用一班能耐勞苦之正人日久自有大效（曾文正）

三月初四日（陽曆三月廿八日）

接人	記事	記學
往來	前朱君叔丞等擬發起一算術研究會，特請師張琴舟師代擬章程，此會辦法余開之朱君： （一）由會長按會員之算學程度分別為班次。 （二）每星期開一次會，由會長（或教習）出題，令會員攜歸演算，限期繳卷，由會長擇其最佳之法式宣示大眾。 （三）每會期由會員演說心得或質疑問難。 以上雖未必甚善，又諸發起人若朱君、若龐君算術程度皆極高，此會將來當有成效也。	
通信		
往來		

三月大 初四日 来复三 （阳历三月二十八日）

记事：

前朱君成杰等拟发起一算术研究会①，拟请张琴舟②师代拟章程。此会办法，余闻之朱君曰：

（一）由会长按会员之算学程度分别为班次；

（二）每星期开一次会，由会长（或教习）出题，交会员携归演算，限期缴卷，由会长择其最佳之法式宣告大众；

（三）每会期由会员演说心得或质疑问难。

以上办法甚善。又诸发起人，若朱君，若严君，算术程度皆极高。此会指日当可成立也。

①算术研究会，澄衷学堂内的学生社团。

②张琴舟，又名张俊三，字琴舟。著有《最新几何画法教本》，1906 年澄衷印书局出版。

義理有疑，則濯去舊見，以來新知。（張子）

接人		記事	記學
往	來	本齋國文程度不齊，延由楊師分為三組（甲組）讀飲冰室文（乙組）讀粹化新編（丙組）讀春風館國文教科書。計丙組八人，乙組十人，甲組則許君余君朱君及余四人也。本校以西文定班次，故有國文程度不齊之病。去歲聞有中西分班之議，然能言而不能行也。	
通信			
往	來		

三月大 初五日 来复四 （阳历三月二十九日）

记事：

本斋国文程度不齐，近由杨师分为三组：

（甲组）读饮冰室文[1]；

（乙组）读粹化新编；

（丙组）读春风馆国文教科书。

计丙组八人，乙组十人，甲组则郭君、余君、朱君及余四人也。

本校以西文定班次，故有国文程度不齐之病。去岁闻有中西分班之议，然能言而不能行也。

①饮冰室文，指梁启超的著作。

凡做好人，做好官，做名將，俱要好師、好友、好榜樣。（曾文正）

記學

曾文正「做好人好官名將俱要好師好友做榜樣」一語足見文正一生謹慎之至，惟古人有言「待文王而後興者凡民也，若夫豪傑之士雖無文王猶興」，使文正之言而當然也，則最初之好官好人名將又何所榜樣乎？

記事

集益會已舉余君敬仁為代表人，因與之擬定章程十條，繼就交西四齋并發起人唐君世芳將去。

接人

往	來

通信

往	來

三月大 初六日 来复五 （阳历三月三十日）

记学：

曾文正[①]“做好人好官名将，俱要好师好友做榜样”[②]一语，足见文正一生谨慎之至。惟古人有言：“待文王而后兴者，凡民也，若夫豪杰之士，虽无文王犹兴。”使文正之言而尽然也，则最初之好官好人名将又何所榜样乎？

记事：

集益会已举余君成仁为代表人，因与之拟定章程十条，缮就，交西四斋发起人唐君世成将去。

①曾文正，曾国藩（1811—1872），清末洋务派和湘军首领。

②做好人好官名将，俱要好师好友做榜样，语出曾国藩的“行军打仗以不骚扰百姓为本，欲做好人好官名将，俱要好师好友好榜样，天下无不可为之事……”

知得良知是一箇頭腦維在千百人中工夫只在一念微處雖獨居冥坐工夫亦只在一念微處

（錢緒山）

記學	記事	接人
	西四講右會今日開最初會假余子余君自並日往觀先由發起人傳宗岳君宣告章程次公舉職員貝納雅各狀態頗有[illegible]足觀者是日余未暇有所陳日說以時促不果	往　來
		通信：往　來

三月大 初七日 来复六 （阳历三月三十一日）

记事：

西四讲书会今日开最初会，招余及余君往观。先由发起人潘宗岳君宣告章程，次公举职员。其幼稚之状态颇有足观者。是日，余本略有陈说，以时促，不果。

人爲只言欺知來惡
要惡可自良本無
（錢緒山）

三月初八日（陽曆四月一日）

接人		記事	記學
往	來	早起返棧携集益會及白話會簡章暨二只看二只消惟白話會章太略定三條自治規則十條也二只未見當有集益會章宗旨一条不能包自治皆當改正者也閱書社開第一次借書計借者二十二人時本社藏有書四百餘部也夜購往模範街遺尔通史一本海上嘯閒傳奇一本	
通信			
往	來		

三月大 初八日 来复日 （阳历四月一日）

记事：

早起返栈[①]，携集益会及自治会简章与二兄看，二兄[②]谓自治会章太脱空（盖二兄未见尚有自治规则十条也），集益会章宗旨一条不能包自治，皆当改正者也。

阅书社第一次借书，计借者二十二人。时本社藏书盖四百余部也。

夜，往棋盘街购迈尔《通史》[③]一本、《海天啸传奇》[④]一本。

①胡适在澄衷学堂住读，休息日回家。当时他家开着一家油栈，地处上海南市，由他二哥管理，故在日记里时有"返栈"之记载。

②二兄，是胡适同父异母的兄长，长胡适十五岁。二兄掌管着家里的财政，又在梅溪书院读过，"旧学都有根底"（胡适语），从"澄衷学堂日记"看，二兄对胡适的思想和行为影响都较大。

③《通史》，美国迈尔著，黄佐廷口译、张在新笔述，山西大学堂译书院1905年4月出版。

④《海天啸传奇》，作者及出版情况不详。

我○子○否●然○亦 然○苟○我○子○有
否○亦 我○子●然●否○由 於○何●焉
（陳白沙）

三月初九日（陽曆四月二日）

接人		記事	記學
往	來	昨日所購得之萬國不通史今日忽失去同室張某、吳君亦失去新民叢報四冊化學書一冊本校宿舍屢出不一見而因為則除學生外無欲之者以學生之資格而作此等下流之事亦可哀可笑	
通信			
往	來		

三月大 初九日 来复一 （阳历四月二日）

记事：

昨日所购得之迈尔《通史》，今日忽失去。同室张美品君亦失去《新民丛报》四册、化学书一册。本校窃案屡出｛不一见｝。而书则除学生外，无欲之者。以学生之资格而作此等下流之事，可哀可笑。

三月初十日（陽曆四月三日）

上是天，下是地，人居其間，須是做得人，方不枉。

（陸子）

記學

……因日記與之論，[illegible]君[illegible]須見我，至見[illegible]君之性靈[illegible]未全汩。
除余甚喜悅，惟君臨日所為[illegible]實為大異，[illegible]蓋吾所失一名耳，
而君則失一身之名譽者，何[illegible]以為一[illegible]壞，亦不復[illegible]。
且於此我有無形之損失也，要之形式上言之，則吾所失一
名值二元耳，君之事覺甚且開除出校，是且損失其學
費矣，[illegible]八一兩[illegible]已且什伯君倍[illegible]而為此，[illegible]○意欲為勸[illegible]。

記事

昨日之[illegible]為一西[illegible]學生○○所取，蓋○是日適[illegible]
卧室宿所內，故舍[illegible]○疑即其所為，乃嫌[illegible]其[illegible]過寢啟
其行[illegible]○未為[illegible]在[illegible]且張君之[illegible]有圖書而○之多時
其欽[illegible]圖書處書行携去以減[illegible]其用心不良[illegible]矣
然○○○年祇十一歲，亦識其字，然尚在[illegible]之例，[illegible]時[illegible]
過[illegible]之相遇，即反身走而報之，然余見其猶有羞惡之心也。

接人

往	來

通信

往	來

三月大 初十日 来复二 （阳历四月三日）

记事：

昨日之书，为一西四斋学生○○[1]所取。盖○是日适告病假，卧寄宿所内，故舍监疑即其所为。乃赚得其锁钥，密启其行箧，各书果皆在。且张君之书皆钤有图章，而○竟将其钤图章处尽行撕去以灭迹，其用心亦良险矣。

然○○只十一岁，知识未定，似尚在可原之例。晚膳时与之相遇，○即反身走，面赧赧然。余见其犹有羞恶之心也……因召与之语曰："君不欲见我，足见君之性灵未全汩没，余甚喜悦。君前日所为，实为大误。盖吾所失，一书耳，而君则失一身之名誉。书失可复购，名誉一坏则不可复涤，且此犹无形之损失也；更就形式上言之，则吾所失一书值二元耳，君事觉，甚且开除出校，是且损半年学费矣。害人一，而害己且什佰，君何乐而为此欤？"○意似为动云。

①本篇日记中胡适以"○○"指代该窃书少年。在日记中用○○隐其姓名，足见15岁的胡适为不良行为少年隐讳其姓名之用心。

百種弊病，
皆從懶生，
懶則弛緩，
弛緩則治
人不嚴，而
趣功不敏，
一處遲則
百處滯矣。
（曾文正）

記學	記事	接人 往	接人 來
曾文正「百種弊病，皆從懶生」云云，實具至理。吾友郭君虞裳，粹於國文，性極聰穎，惟有懶病，予嘗以「精神愈用則愈出」之語相勉，郭君答予以「君崇拜此議，誠是，但理想也，吾儕生此，何以得其效耶」。予聞之，心為之一震，勤不已，綿思之，蓋至言也。			

通信 往	通信 來

三月大 十一日 来复三 （阳历四月四日）

记学：

曾文正“百种弊病皆从懒生”云云，实具至理。友人郭君虞裳，粹于国文，性极聪颖，惟有懒病。予尝以“精神愈用则愈出”之语相勉，郭君答予以“君崇拜此语诚是，但恐君他日将坐此而促其寿命耳”。予闻之，心为之震动不已。徐思之，盖至言也。

晚輩假先儒一言半句以濟其私，最害事，今日尤甚。

（張南軒）

三月十三日（陽曆四月六日）

記學	記事	接人
十具製造精巧，此次賽會當不至蹈前數次之故轍而失敗也	本日為清明節假，下午偕余君劍仁、陳君子受、昌本遊陳君寶泉省漁業公司，將往義國賽會貨品之物陳列于萬國度橋塊陳列所內，盡同往觀之。余曰：談至則見各部有生魚、有醃魚、有乾殼，無物不備。中有大鯊魚鰭三尺餘，以酒浸之；有小鯊魚鰭二三寸，魚翅係毛長寸許；又有鯊魚頭骨一具，長五六尺，能觀剖見之。此外有中國漁界圖數幅，中西文合璧，精細詳明，有漁船及網罟模型可	往： 來： 通信 往： 來：

三月大 十三日 来复五 （阳历四月六日）

记事：

本日为清明节假。下午，偕余君成仁、陈君受昌出游。陈君言，省渔业公司将往义国[①]赛会，其赛品物陈列于里白渡桥堍陈列所内，盍同往观之？佥曰诺。至则见各品，有生鱼，有腌鱼，有介壳，无类不备。中有大龟，径三尺余，以酒浸之。有小龟，径二三寸，生绿毛，长寸许。又有鲨鱼项骨一具，长六尺余，皆创见也。此外，有中国渔界图数幅，中西文合璧，精细详明。渔船及网罟模型百十具，制造精巧。此次赛会，当不至蹈前数次之故辙而失败也。

①义国，指意大利。

三月十四日（陽曆四月七日）

或曰講學人多迂闊無才，不知真才從講學中出。性根靈透，遇大事如湛盧刈薪。

（鄒南皋）

記學

記事

回校省二兄，二兄為余言學生開會之不合禮理，反復辯論。惟謂學生者惟自治會不開，然特會而自治，其自治之精神亦徹乎微矣。晤程君士衡，述梅溪近狀，蓋較之前年又退化矣，為之一嘆。周吟白邀談，竟。是夜宿校中。

接人

往

來

通信

往

來

三月大 十四日 来复六 （阳历四月七日）

记事：

回栈省二兄。二兄为余言学生开会之不合理，反复辩论，惟谓学生者，惟自治会可开，然恃会而自治，其自治之精神亦微乎微矣。

晤程君士衔，述梅溪近状。盖较之前年又退化矣，为之一叹。

阅《吟边燕语》[1]竟。是夜宿栈中。

①《吟边燕语》英国作家兰姆著，林纾、魏易译。

學問須是大進一番，方始有益。（朱子）

記學	記事	接人 往	接人 來
	同德會開第四次常會，于宣告會事已，復提議每人各預備冊一本，以記己過，以規人過，事常令衆勸改過實行。是日全齋同學相繼演說，極一時之盛云。		

通信 往	通信 來

三月十五日（陽曆四月八日）

三月大 十五日 来复日 （阳历四月八日）

记事：

自治会开第四次常会，予宣告会事已。复提议“每人各备一册，半以记己过，半以规人过”一事，蒙会众赞成，遂实行。

是日全斋同学相继演说，极一时之盛云。

三月十六日（陽曆四月九日）

每○日○臨○
睡○時○默○
數○本○日○
勞○力○者○
幾○件○作○
心○者○勞○
件○ 幾○

（曾文正）

接人	
往	來

通信	
往	來

記事

自本齋自此會發起以後，繼齋相繼代與東二則
錢存與君等西二則，好隨陸君等東二則「路陽葉」
耀君等曲搖歸發起「東二南路」「西二醫學」「東
三自治」等會，此外尚有「理化研究會」「英語研究會」
球會」「軍運動會」等相繼勃起，校務新氣象矣。

記學

三月大 十六日 来复一 （阳历四月九日）

记事:

自本斋自治会发起后,各斋相继代兴。东二则钱应玚君等,西二则孙颂臣君等,东三则欧阳荣耀君等,接踵发起“东二自治”、“西二励学”、“东三自治”各会。此外,尚有“理化研究会”、“英语研究会”、“球会”、“运动会”[①]等相继勃起。猗欤盛矣!

①英语研究会、球会、运动会,皆为澄衷学堂内的学生社团。

三月十七日（陽曆四月十日）

（孟子）恥之於人大矣 為機變之巧者 無所用恥焉

記學	記事	接人	
選擧 [illegible] 一段以下以見英國選擧及中[illegible]選[illegible] 選擧之[illegible]者懷[illegible] 擧之[illegible]陳說[illegible]議院後[illegible]選擧之[illegible] 日[illegible]有[illegible]乃入於[illegible]選之[illegible]室內[illegible] 擧[illegible]此紙上[illegible]議[illegible] [illegible]	西國界議員（代議士）一事[illegible]聞之[illegible]隨衆人之意而 而擧之不必被選者之知之也[illegible]又以為被選者苟自陳 欲被選之意於擧人者之前則[illegible]於[illegible] 之列也今讀[illegible] [illegible]國民讀本乃知其有大謬不然者因[illegible]	往	來
		通	信
		往	來

三月大 十七日 来复二 （阳历四月十日）

记事：

西国举议员（代议士）一事，予习闻之，以为随众人之意向而举之，不必被选者之知之也。又以为，被选者苟自陈欲被选之意于举人者之前，则将跻身于钻营者之列也。今读 Arnold Jorster【阿诺德·乔世特】之《国民读本》，乃知其有大谬不然者，因节译其论选举（Voting）一段如下，以见英国选举乃由被选者之愿意而始举之也。

选举之先数日，诸怀 Member of Parliament【议员】之希望者，乃群集于选举之区，陈说其所怀抱之入议院后所行之政策于 Voter【选民】之前。及选举之日，诸有 Voter 之权者乃入于 Voting office【选举办公室】之秘室内，签 X 字于选举票（Ball of Paper）之上，此纸上即前欲为议员诸人之姓名，X 字即签于此 Voter 最倾向之一人姓名之下而投于投票箱内。举毕而计其数之多寡，其得多数者，就被选矣。是名秘密投票（Ballot）。

須是大其心使開闊譬如爲九層之臺須大做脚始得（大程子）

三月二十日（陽曆四月十三日）

記學	記事	接人 往來	通信 往來
……說假說論名人之演說，於余君則深明法律與權道德之關係，並以己作人格感化於人之義相關於法君則就佛教界教上作一愛國之論，謂佛教無國力以保護之故，不敢生事；世界教則一教士儼然一國也，故敢生事於嚴君則雜其陽精不能見光，爲光線屈折之故，爲反光線反射之故；於李君則加說「七試」法，皆深得會員歡迎云	集益會開第七次常會。余君演說，提議會員不到會逾三次者即除名，出會之法，眾皆贊成。從白雅弁哉主演「春秋」二字之義，繼由汪姓之賢君演說南昌教案事，竟佛教入中國千年無教案，則教案作起病民禍國云云。繼嚴君佐楨演說光學，李君世桂演說術九試法。余聞諸君演說，勉生無數感情，乃登壇一演……		

三月大 二十日 来复五 （阳历四月十三日）

记事：

集益会开第七次常会。余君演说，提议会员不到会逾三次者即令出会之法。众皆赞成。继白雅余〈雨〉[①]先生演“泰否”二字之义。继由汪立贤君演说南昌教案事，言佛教入中国千年无教案，景教一入则教案纷起，病民祸国云云。继严君佐情演说光学，李君世桂演说算术九试法。余闻诸君演说，辄生无数感情，乃登台演说，总论各人之演说：于余君则深明法律与道德之关系，并以治己治人及被治于人之义相勖；于汪君则就佛教景教上发一爱国之论，谓佛教无国力以保护之，故不敢生事，近世景教则一教士俨然一国也，故敢生事；于严君则辨其“隔墙不能见光，为光线屈折之故”，为反光线反射之故；于李君则加说“七试”法。皆深得会员欢迎云。

①白雅雨，名白毓昆，字雅雨（1867—1912），江苏南通人。1902年到1907年在澄衷学堂任教史地。1904年起先后随蔡元培加入光复会、同盟会。武昌起义后，白毓昆策应发起滦州起义，任北方革命军参谋长。由于叛徒出卖，被捕牺牲。民国建立后，追封其为辛亥革命烈士，并追认为上将。

二十年治一怒字，尚未鎔磨得盡，以是知克己之難。（薛文清）

記學	記事	接人 往來	通信 往來
國民讀本 Citizen Reader 一書，其於國家政治法律以及個人之道德倫理之原理皆推闡無遺，其中最要語讀是為庸右鐵衣不可勝數，今讀其一二： (a) To rule oneself is the first step to being able to rule others. 自治者乃治人之第一著手處也。	(b) We shall do not injustice to others nor suffer injustice ourselves. 故毋以不義加人，亦毋受人之不義加於我也。 以上二語，其第一語則「未有己不正而能正人者」之義也；其第二語則「己所不欲，勿施於人」，我不欲人之加諸我也，我亦欲無加諸人之義也。嗚呼，我學者其毋[illegible]		

三月大 二十一日 来复六 （阳历四月十四日）

记学：

国民读本(Citizen Reader)一书，其于国家政治（法）律以及成人之道、自治治人之理，皆推阐无遗，其中哲言法语足为座右铭者，不可胜数，今译其一二：

(a)To rule oneself is the first step to being able to rule others. 自治者乃治人之第一着手处也。

(b)We shall do no injustice to others nor suffer injustice ourselves. 毋以不义加人，亦毋受人不义之加诸我。

以上二语，其第一语则“未有己不正而能正人者”之义也，其第二语则“己所不欲，勿施于人”、“我不欲人之加诸我也，我亦欲毋加诸人”之义也。呜呼！我学者其毋唾弃先圣，先圣固与二千年后之泰西[1]哲学家、教育家同其学说也。

①泰西，西方，泛指欧美。

三月廿二日（陽曆四月十五日）

古人云：一刻千金，一年間有許多金子，既不費人又不受用，不知放在何處，只是花費無存，可惜。（鄭東廓）

記學	記事	接人 往	接人 來
	返棧省兄，談及譯書事，見其要讀二人以欲譯世界史綱[illegible]事，見其言「以此時間為散步及運動之用，則足聚爾精神以後用，若長此取[illegible]，則腦且縮矣。且以能譯書為必能讀之矣，若再讀之，則仍此不尊也。以後以此暇時讀他種新科學，為[illegible]為[illegible]何益，收[illegible]此可貴之時日為之乎」。聞此議論，譯書之念始息。[illegible]		

通信 往	通信 來

三月大 二十二日 来复日 （阳历四月十五日）

记事：

返栈省二兄，语及译书事。予语二兄以欲译《世界史纲》Outlines of the World's History 一事，二兄言："汝以此暇时为散步及运动之用，则足聚尔精神以为后用，若长此取多而供少，则脑且缩矣。且汝能译是书，必已能读之矣。若再译之，则仍此书也。汝能以此暇时读他种新科学书，则为益多矣。何虚牝此可贵之时日为？"予闻此议论，译书之念始息。

得家书一。

三月廿三日（陽曆四月十六日）

教人須在咽喉上著刀，吾人爲學當從心髓入微處用力。

（王陽明）

接人		記事	記學
往	來		予責規人過而於己之過失或反不及檢點，此予一生大病。于重師嘗以「躬自厚而薄責於人」之相勗，顧雖深自克制，然不能克除淨盡矣，奈何。齋曰「責人密，自恕疏」矣。嗚呼！此言真朗朗置之腦中也。
通信			
往	來		

三月大 二十三日 来复一 （阳历四月十六日）

记学：

予喜规人过，而于己之过失或反不及检点，此为予一生大病。千里师[①]尝以“躬自厚而薄责于人”相勖，顾虽深自克制，犹不能克除净尽。吴康斋曰：“责人密，自治疏矣。”[②]呜呼！此言吾朝夕置之脑中也。

①千里师，即杨千里，名杨天冀，字千里（1882—1958），1905年到1906年在澄衷任教。1949年前历任龙门师范学堂、中国公学、复旦公学教员和国民政府行政院交通部秘书、教育部视学、无锡县县长、吴江县县长等职。1949年后，任华东文物管理委员会特约顾问。是我国著名社会学家费孝通的亲舅舅。胡适在离开澄衷25年后撰文回忆说：“澄衷的教员之中，我受杨千里先生（天骥）的影响最大。我在东三斋时，他是西二斋的国文教员，人都说他思想很新。我去看他，他很鼓励我，在我的作文稿本上题了‘言论自由’四个字，后来我在东二斋和西一斋，他都做过国文教员。”杨千里给胡适作文的评语是“富于思考力，善为演绎文”。

②“责人密，自治疏矣”，语出吴与弼（康斋）的《日录》。

三月廿四日（陽曆四月十七日）

人處憂患時，退一步思量則可以自解，此乃處憂患之大法。（呂東萊）

接人		記事	記學
往	來	下午本齋以季考將近先由老師授「默書」之Dictation「拼音」Spelling	

通信	
往	來

三月大 二十四日 来复二 （阳历四月十七日）

记事：

下午，本斋以季考将近，先考英文“默书”（Dictation）、“拼字”（Spelling）。

三月廿五日（陽曆四月十八日）

此件事不是說了便休，須時時有用力處，時時有過可改。（王龍谿）

記學	記事	接人
	本校近設月考，因藉以為學考，四月底第二學期考試之期，故本日下午二時考英文「會話」一科 Conversation，手亦停止，取三時考繪圖	往： 來：
		通信 往： 來：

三月大 二十五日 来复三 （阳历四月十八日）

记事:

本校近改月考为季考。今届第一学期考试之期，故本日下午二时考英文“会话”一科(Conversation),予亦得上取。三时考绘图。

外省不疚不過無惡於人內省不疚才能無惡於志無惡於人到底只做成個鄉原無惡於志方是眞君子

（馮少墟）

三月廿六日（陽曆四月十九日）

記學	記事	接人
	上午考算術，弟作五題（共六題） 下午考英文「讀本」Reading及「文法」Grammar二科	往來： 通信往來：

三月大 二十六日 来复四 （阳历四月十九日）

记事：

上午考算术，予作五题(共六题)。下午考英文"读本"(Reading)及"文法"(Grammar)二科。

三月大廿七日來復五

三十功名塵與土　八千里路雲和月
莫等閒白了少年頭　空悲切
（岳武穆）

三月廿七日（陽曆四月二十日）

接人		記事	記學
往	來	上午考物理 下午考英文地理 Geography「作文」Composition	
通信			
往	來		

三月大 二十七日 来复五 （阳历四月二十日）

记事：

上午考物理。下午考英文“地理”（Geography）、“作文”（Composition）。

三月大廿八日來復六（谷雨）

凡日用間知此一病而欲去之則即此欲去之心便是能去之藥但當堅守常自警覺

（朱子）

三月廿八日（陽曆四月廿一日）

記學

噫，余見近來叢雜不易盡去。朱子「即此欲去之之心便是能去之之藥」一語，實藥我以自新之道矣。

記事

上午考「歷史」「倫理」「地理」。

下午考英文「歷史」，不甚中意。

連日考試，頗倦甚。今最嗜小說，近已看未看矣。

考畢，閱《戰血餘腥記》一帙，意之悵積，頗頗感。

接人	
往	來

通信	
往	來

三月大 二十八日 来复六 （阳历四月二十一日）

记学：

噫！余过失丛杂，不易尽去。朱子“即此欲去之心，便是去之之药”[1]一语，其予我以自新之道矣。

记事：

上午考“历史”、“伦理”、“地理”。

下午考英文“历史”（History）。

连日考试惫甚。予最嗜小说，近已五日未看矣。考毕，阅《战血余腥记》[2]一帙，竟之，始稍愈。

①朱熹的原话是：“凡日用间知此一病而欲去之，则即此欲去之心，便是能去之药，但当坚守常自警觉。”

②《战血余腥记》，法国战争题材小说，林纾译，1903年出版。

議論往往陷一偏，去浪者即要功生事，委廢者一切放倒，爲害則均。
（張南軒）

接人		記事	記學
往	來	返棧得見家有一叠書僉叔祖月里中來也，就看之，得悉外祖父及姑公皆相繼彫謝，予幼孤，二老愛撫甚於焉，今不克親覩声音笑貌矣，哀之痛何似何似耶	
通信			
往	來		

三月大 二十九日 来复日 （阳历四月二十二日）

记事：

返栈，得家书一，盖杏龕叔祖自里中来也。就省之，得悉外祖父及姑公皆相继凋谢。予幼承二老爱抚甚笃，今不克亲其声音笑貌矣，哀痛何似耶！

爲虺不摧，爲蛇奈何；涓涓不壅，將成江河；綿綿不絕，將成網羅；[illegible]將尋斧柯

（家語）

三月三十日（陽曆四月廿三日）

接人		記事	記學
往	來	今日考畢無所事事，雖上課室不作課也	
通信			
往	來		

三月大 三十日 来复一 （阳历四月二十二日）

记事：

今日考毕，无所事事。虽上课室，不作课[1]也。

①不作课，即不上课。

天道在，人凡有不如意者，皆人之罪，人之不德無智所致。
（福澤諭吉）

四月初二日（陽歷四月廿五日）

接人		記事	記學
往	來	江蘇學政唐春卿來此視學，方其將抵滬上也，江蘇學會以會議歡迎之，未嘗不鄭重其事也。觀唐之視學室，僅事虛文，他校甚不知，姑從之來此。觀除吃午膳外，惟一至[illegible]齋一觀（甚却未一觀其面）及略觀諸生文課耳。[illegible]而乃見之，然謂曰「精神勝於形式」云矣。噫，吾不知其何所見而云然也。[illegible]	
通信			
往	來		

四月小 初二日 来复三 （阳历四月二十五日）

记事：

江苏学政唐春卿来此视学。方其将抵沪上也，江苏学会开会以欢迎之，未尝不郑重其事也。顾唐之视学，实徒事虚文。他校吾不知，彼之来本校，除吃午膳外，惟一至小学各斋一观（吾却未一睹其面），及略观诸生文课耳，而乃贸贸然评曰："精神畅足，形式完美。"噫！吾不知其何所见而至然也。（闻之郭君，唐之至西成小学也，见其成绩，品有英文字课，则大批曰，"翻译略有门径"云云。噫！可笑可怜，乃至于此！）

四月初四日（陽歷四月廿七日）

萬物皆備於我矣。反身而誠，樂莫大焉。（孟子）

記學	記事	接人
	集議会開第八次会選舉職員余仍被選為書記 余本欲辭職顧以照選舉之例被選者無辭職之權 利乃止	往： 來：

通信	
往	來

四月小 初四日 来复五 （阳历四月二十七日）

记事：

集益会开第八次会，选举职员。余仍被选为书记。余本欲辞职，顾思选举之理，被选者无辞职之权利，乃止。

Vulgus ex veritas paucs, ex opinione multa, aestimat. (The common people judge of a few things by real truth, and of many things from prejudice.) —Cicero.

世俗之斷事憑理者少憑先入之僻見者多（西些羅）

接人		記事	記學
往	來	西四講於會所，葉促余往，余與余君昌過之，由會員邀入旁聽。見其會員先存意見，以故啰嗦之氣，卿不少休，乃為之說「友之義」，三要之真之義，謂友之實行之事而已。本校徐、李倫於院學生來此比球，李倫竟得不至。前此李倫約本校同學至敝比球，及至乃閉門不納，其無信行已極，豈李倫為外國教士所設，故但有貴為紳富之才，而不敬其人格也，可歎。	

通信	
往	來

四月初五日（陽歷四月廿八日）

四月小 初五日 来复六 （阳历四月二十八日）

记事：

西四讲书会开第四次会。余与余君过之，由会员邀入旁听。见会员各存意见，以小故而喋喋争论不少休，乃为之说“友爱之真义”、“讲书之实行”二事而退。

本校球会约麦伦书院①学生来此比球。麦伦爽约不至。前此，麦伦约本校同学至彼比球，及至，乃闭门不纳。其无信行已极。盖麦伦为外国教士所设，故但育其为细崽之才，而不欲其具人格也，可叹！

①麦伦书院，1898 年创办，系教会学校。1953 年更名为上海市继光中学，2003 年更名为上海市继光高级中学。

人惟中無所有則必夸人以爲有

（呂東萊）

四月初六日（陽歷四月廿九日）

記學	記事	接人	通信
副会長為祀則余君辭乃則陳君也 是日会員畢至以楊端昨有言「不動去將批表」已行之 敎育故也余每以于道德說辭語之，語識今其曷以到会諸 無益[illegible]夸乃懼法律上之哀鳴而不敢不來擇度之以實根 之依歸，[illegible]顯[illegible]聊難理[illegible]之漸來甚善，缺者之之勤	上午偕余君（子卿）·君至遊公家花園 下午二時本齋自治会開第五次会，蓋本会成立之後二月 於茲矣。余演說三事：一「釋治字之義」「論同學宜一於學問上 而惟上着力競爭」「論選舉時被選去及選人去之權利義務」 「演說」已[illegible]公舉敢[illegible]其于[illegible]以十八票被選為会長，此外余君朱君 陳君皆選為各得一票，由余衆議決会長由余一人擔任，[illegible]不復置	往： 來：	往： 來：

四月小 初六日 来复日 （阳历四月二十九日）

记事：

上午偕余君、郭君游公家花园。

下午二时，本斋自治会开第五次会。盖本会成立后，二月于兹矣。予演说三事："释治字之义"、"论同学宜于学问上、德性上着力竞争"、"论选举时被选者及选人者之权利义务"。演已，公举职员。予以18票被选为会长。此外，余君、朱君、陈君（受昌）各得一票。由会众议决，会长由余一人独任，不复置副会长。书记则余君，干事则陈君也。

是日会员毕至，以杨师昨有言"不到者，将扣去品行分数"故也。余每于道德上设辞谆谆告诫，令其每次到会，终无效。今乃惧法律上之处罚而不敢不来。是程度之浅、资格之低欤？抑办理之道未尽善欤？为之三叹！

凡作一事，便須全副精神注在此一事，首尾不懈，不可見異思遷，做這樣想那樣，坐這山望那山。人而無恆，終身一無所成。

（曾文正）

四月初七日（陽曆四月三十日）

記學	記事	接人 往	接人 來	通信 往	通信 來
	得鄭君仲瑊（肇經）自復旦來函，述近況甚失意，語極愁悵。余以「失意之事正所以鍊習他處世之材能」慰之。仲瑊為余至交，年十七，粵之潮人，余梅溪同學也。				鄭肇經自復旦來函一

四月小 初七日 来复一 （阳历四月三十日）

记事：

得郑君仲诚(璋)自复旦来函一，述近况甚失意，语极感慨。余以“失意之事，正所以练习他处世之才能”慰之。仲诚为余至交，年十七，粤之潮人，余梅溪同学也。

人要為聖賢須是猛起如服瞑眩之藥以黜深痼之疾真是不可悠悠（曹月川）

記學

書切齒不痛恨因之誓此後除星期日及假期外不得看小說惟此等日亦有限制看小說之時限不得踰三分時而所看除新智識之小說亦不看也

記事

予幼而嗜小說性惟家居未得新小說惟看中國舊小說故受害滋深今日腦神經中種種劣根性皆此之由而雖竭力用以新智識新學術相提住不能泯盡也且看淺易文言叙述習慣四五日看言情等之艱深國文不能卒讀繙惡果以溯惡因不痛恨

接人

往	來

通信

往	來

四月小 初八日 来复二 （阳历五月一日）

记事：

予幼嗜小说。惟家居未得新小说，惟看中国旧小说，故受害滋深。今日脑神经中种种劣根性皆此之由。虽竭力以新智识、新学术相挹注，不能泯尽也。且看浅易文言，久成习惯，今日看高等之艰深国文，辄不能卒读。缘恶果以溯恶因，吾痛恨，吾切齿而痛恨。因立誓，此后除星期日及假期外，不得看小说，惟此等日，亦有限制：看小说之时限，不得逾三小时；而所看除新智识之小说，亦不看也。

四月小初九日來復三

學者爲氣所勝，習所奪，只可責志。

（小程子）

四月初九日（陽曆五月二日）

記學	記事	接人	
余平時行事偶拂意則悻然怒不可遏以意氣陵人事後思之輒悔怍無已蓋由於不能克己之故即程子所謂「爲氣所勝習所奪」也後當深戒之		往	來
		通信	
		往	來

四月小 初九日 来复三 （阳历五月二日）

记学：

余平时行事，偶拂意，则怫然，怒不可遏，以意气陵人。事后思之，辄愧怍无已。盖由于不能克己之故，即程子所谓“为气所胜习所夺”也[1]，后当深戒之。

①“为气所胜，习所夺”，语出《二程遗书》卷十五。程颢认为，学者义理之心如被血气所战胜，被习俗所夺取，只怪自己志向不定。

四月初十日（陽曆五月三日）

行衢道者不至，事兩君者不容，目不兩視而明，耳不兩聽而聰。（荀子）

接人		記事	記學
往	來	算術研究會兩次以小故未及與議，今承朱君成達以定章程□事物委任之權，定簡章八條，送議。擬俟各算術教員改正後將刊行發布也。	西諺有之：一犬逐二兔，必不能得其一。與荀子此言大類。
通信			
往	來		

四月小 初十日 来复四 （阳历五月三日）

记学：

西谚有云："一犬逐二兔，必不能得其一。"与荀子此言[①]大类。

记事：

算术研究会前以小故未及兴办，今承朱君（成杰）以定章程事相委，乃与之厘定简章八条，拟请各算术教员改正后始刊行发布也。

①句中荀子言指"行衢道者不至，事两君者不容，目不两视而明，耳不两听而聪"。

四月小　十一日　來復五

行到水窮處，坐看雲起時。偶然值林叟，談笑無還期。（王摩詰）

接人		記事	記學
往	來	作书致二兄 集益會開第八次常会，由朱職員辭職者極多，辯論不少，依此情形，恐不能持久也	
通信			
往	來		
致二兄			

四月十一日（陽曆五月四日）

四月小 十一日 来复五 （阳历五月四日）

记事：

作书致二兄。

集益会开第八次常会，各职员欲辞职者极多，辩论不少休。似此情形，恐不能持久也。

勸君莫著半點私，終無人不知；勸君莫用半點術，終無人不識。（蔡虛齋）

接人		記事	記學
往	來		予經事不多，識力不足，故辦事每每不能以快刀斷亂絲之手段施之，是以常失之過柔。惟自信所辦事卻不存一絲「利己」之心，雖屢以此得怨，顧自念吾行吾心之所安而已，不為屈也。然[illegible]日[illegible]以誠待人，而人乃不以誠待我，非特此也，且以「嫉忌」相報，以名譽[illegible]我，我自抵滬以來得友僅二人，一為鄭仲誠，一為張美品，亦[illegible]以[illegible]，此外[illegible]耳，[illegible]言念及此，能不使人血冷耶！
通信			
往	來		

四月小 十二日 来复六 （阳历五月五日）

记学：

余经事不多，识力不足，故办事每不能以快刀断乱丝之手段施之，是以常失之过柔；惟自信所办事却不存一丝“利己”之心。虽屡招人怨，顾自念吾行吾心之所安而已，不为屈也。然数年以来，吾以诚待人，而人乃以权术待我。非特此也，且以“妒忌”报我，以“多事”称我。我自抵沪以来，得友仅二人，一为郑仲诚，一为张美品，亦以此耳。言念及此，能不使人血冷耶！

人心中大
段懇念邪
易制伏最
是邪不大
計較利害
乍往乍來
底念慮相
續不斷難
爲驅除
（朱子）

記學
教育之難有甚於今不已也 抵寄寓遇某拜
歸校坐稍時予先回校以閱書社將開社也

記事
近報得悉吾皖旅滬同人組織一「安徽旅滬學會」此
為吾皖人創舉聞之大快意因此事主動者為方君守
六定今日開會佈告章程餘本欲赴會適讀時報知
改已緩期（日未定）乃罷
午後二時攜予往寄寓易逢從為之述光卿等

接	人
往	來

通	信
往	來

四月小 十三日 来复日 （阳历五月六日）

记事：

返栈，得悉吾皖旅沪同人组织一"安徽旅沪学会"，此为吾皖人创举，闻之大快意。闻此事主动者为方君守六，定今日开会，布告章程。余本欲赴会，后读时报，知已缓期（日未定），乃罢。

午后二兄携予往奇芳，途次为予述吾乡女子教育之难，为之于邑不已云。抵奇芳，遇祥翰叔，坐移时，予先回校，以阅书社将开社也。

使人心日進於高尚而勿沾沾於軀殼此文明社會中至重之事也敎育人者與自敎育者其目的皆任是

（福澤諭吉）

四月十四日（陽曆五月七日）

記學	記事	接人	
	作函致鄭仲澂君	往	來
		通信	
		往	來

四月小 十四日 来复一 （阳历五月七日）

记事：

作函致郑仲诚君。

Qui cherche le danger, au danger périra.

能尋出危險者能滅危險者也

（法國俚諺）

記學

余等近日既讀之國民讀本所論法律之公例六條甚切當譯之

1. Every one is equal before the law.
凡人對於法律皆平等

2. Every man is held to be innocent until he is proved to be guilty.
凡人未被他人證其有罪之前皆當以無罪待之

3. No one can be tried twice for the same offence.
同一罪不能被二次之裁判

4. All courts of justice are open to the public.
公堂當洞開與人觀審

5. No one is a judge in his own cause.
凡人不能裁判關切己身之訟事

記事

接人	
往	來

通信	
往	來

四月十五日（陽曆五月八日）

四月小　十五日　来复二　（阳历五月八日）

记学：

余等近日所读之《国民读本》，所论法律之公例六条甚切，当译之。

1. Everyone is equal before the law. 凡人对于法律皆平等。

2. Every man is held to be innocent until he is proved to be guilty. 凡人未为他人证其有罪之前，皆当以无辜待之。

3. No one can be tried twice for the same offence. 同一罪名，不能经二次之裁判。

4. All courses of justice are open to the public. 公堂皆洞开，恣人观审。

5. No one is a judge in his own cause. 凡人不能裁判关切己身之讼事。①

①是日日记较长，胡适用了两页。

四月十六日（陽歷五月九日）

不能克己者志不勝氣也

（薛敬軒）

接人		記事	記學
往	來		6. No one has the right to take the law in his own hands. 國法律不能以一人私之。 以上六條惟第三則
通信			
往	來		

四月小 十六日 来复三 （阳历五月九日）

记学：

6. NO one has the right to take the law in his own hands. 法律不能以一人私之。

以上六条惟第三则[①]

①此处日记未记全。以上文字为阳历五月八日日记之继续。

記曰君子莊敬日強○安肆日偷○蓋常人之情○纔放肆○則日就曠蕩○纔檢束○則日就規矩○（小程子）

記學	記事	接人 往	接人 來
	鍾衡臧先生（去歲在此教授理化）現發起一化學游藝會，函集多數生徒（學校）以函四試驗與化學的宣驗本校往者許衆，余于化學一科素未涉獵，不能追隨諸同學之後，可懊也（會期在二十日）		

通信 往	通信 來

四月小 十七日 来复四 （阳历五月十日）

记事：

钟衡臧先生（去岁在此教授理化）现发起一化学游艺会，集多数学校之生徒，以试验化学的实验，本校往者亦众。余于化学一科素未涉猎，不能追随诸同学之后，可愧也（会期在二十日）。

每雖終日營營，無超然之意，須是一刀兩斷，何故紫紫如此？紫紫底討箇甚麼？（陸子）

四月十八日（陽曆五月十一日）

接	人	記	事	記	學
往	來	集義含蘊全此須念事更不外求慊意義矣矣			

通	信
往	來

四月小 十八日 来复五 （阳历五月十一日）

记事：

集益会开会。此次会事更不如前。噫！危矣！危矣！

四月十八日（陽曆五月十一日）

古語云：自勝之謂強。曰強制，曰強恕，曰強為善，皆自強之義也。（曾文正）

記學	記事	接人 往	接人 來
	返楊省二兄，二兄為余言辦事之要素及窮論今昔辦事之難易（指南洋公學），並縱論宋明儒之得失。安徽學會今日開第一次會，於寰球中國學生會，到會者百數十人，先演由發起人演說，次來賓演說，次宣布章程，由大眾酌改，歷二時之久。職員因會員未相識，故不舉，會所亦未定。是日到會者皆安徽人。[illegible]		

通信 往	通信 來

四月二十日（陽曆五月十三日）

四月小 二十日 来复日 （阳历五月十三日）

记事：

返栈，省二兄。二兄为余言办事之要素，及旁论今昔办事之难易（指南洋公学[①]），并纵论宋明儒之得失。

安徽旅沪学会今日开第一次会于寰球中国学生会，到会者百数十人。先由发起人演说，次来宾演说，次宣布章程，由大众酌改，历二时之久。职员因会员未相认识，故不举。会所亦未定。是日到会者皆签名，颇形踊跃也。

①南洋公学，即现在上海交通大学前身。

狐裘○　臥載○　錦雕○
車○酒　醒○冰○　髭結○
飢○珠○　三尺○　馬鞭○
裝○白○　玉○雪
字○草○　軍○書○　中○書○
（陸放翁）

四月廿一日（陽曆五月十四日）

記學	記事	接人
化学游藝会[illegible]改期今日開会于丹桂茶園，與會觀覽者五校，即龍門、理化速成科、健行、鏡存及本校也，[illegible]到会者千餘人，惟笑語喧嘩，觀劇較劇場尤喧嘩，亦足見我國人之無公德心矣。是日試驗，計理化速成科最優，本校次之，龍門、健行又次之，鏡存最下也。（本校本可占優勝，惟以三故原因而失敗，一因「鍾君伯韜」[illegible]所教[?][illegible]也，一為外界之阻力，[illegible]時[illegible]本校[illegible]也）	旅滬學会章程原文注重「學界」[?]，故首曰「本会為上海各學校之安徽人組織而成」，故胡由会員改定時「各学校」三字除去，則範圍擴而大矣，然安徽人除學界外，係紅至雜，程度至不齊，即以商界而論，非特不能相維持、相團結，甚且相嫉也，相實也，以此等資格與而欲與之謀事，其實事也必不能，故余欲執此說以駁此章程，後[?]一有職員即学從事於此也。	往來：先從事於學界着手也。

通信	
往	來

四月小 二十一日 来复一 （阳历五月十四日）

记事：

化学游艺会改期，今日开会于丹桂茶园。与会试验[1]者五校，即龙门、理化速成科、健行、竞存及本校也。到会旁观者千余人，惟笑语嬉戏较剧场犹喧哗，亦足见我国人之无公德心矣。是日试验，计理化速成科最优，本校次之，龙门、健行又次之，竞存最下也。（本校本可占优胜，惟以二原因而失败，一为钟君徇私，以四校皆其所教授也；一为外界之阻力，试燐火时，竞存倾燐于本校同学之身，乃就试验器盛水救之，遂失败也。）

旅沪学会章程，原文注重“学界”，故曰“本会为在上海各学校之安徽人组织而成”，嗣由会员改定，将“各学校”三字除去。范围诚广矣，然吾皖人除学界外，流品至杂，程度至不齐，即以商界而论，非特不能相团结、相维持，甚且相嫉也、相害也。以此等资格而欲与之办事，其偾事也必矣。故余欲先从学界着手，拟执此说以驳此章程，俟一有暇，即当从事于此也。

①试验，测验或考试的意思。

君子有終身之憂，無一朝之患也（孟子）

四月廿二日（陽曆五月十五日）

接人		記事	記學
往	來	昨日化學游藝會，余以本校招待員得與會參觀，故覺腦中生美惡感情一斑，錄之如下： 美感情……此會能鼓勵化學之實驗，使我國民漸知由理論的而趨於實行的。 惡感情……(1)參觀者見各種重要之實驗而不動心，獨見該護謨球則拍掌，足見程度之低也。 (2)健行學生有倒抱作歸人狀者，不雅也。	
通信			
往	來		

四月小 二十二日 来复二 （阳历五月十五日）

记事：

昨日化学游艺会，余以本校招待员得与会参观，觉脑中生善感情一、恶感（情）二如下：

善感情……此会鼓励化学之实验，使我国民渐知由理论的而趋于实行的；

恶感情……（1）旁观者见各种重要之实验而不动心，独见放薄膜球败拍掌，足见程度之浅也。（2）健行学生有傅粉作妇人状者，可哂也。

四月廿三日（陽曆五月十六日）

學者須占定第一義。做工夫方是有本領學問。此後自然歇手不得。如人行路起脚便是長安道。不患不到京師。

（劉蕺山）

記學

、、、、、「胡佐彝趙叔承（東一班長）不勝班長之任，應即撤去」，夫此事惟先來告白於先生，是為余罪，至此外罪名均非所甘認。若不勝班長，則西齋班長之人余乃其副中之副也，惟余近亦不願任事焉。二課教而不與辯。夜間聞余君言，總教謂君强辯，謂上午不能操而下午卻能補操，補操後何以不病也。予因時適作一病，亦向陳述午前之情形及其原因，因即說余君之言。晚加辯，惟於中之意，因不能不注重此數語也。

記事

今日天氣極熱，本校夏操服未動，食飯後讀罷操，余以事于林仲希先生（監起居），先生謂不着操可也。予往操之，則後少午許，遂不能操，及時遂擱起，入本齋溫課，而林先生及白振民先生忽來詰責，予以「天熱」覆之。白先生怒甚，謂余聚眾要挾，時東一齋亦不操，白竟以同東一不操、西一操，其責西一不操，胡洪聲其責，遂去，意欲重罰以為首之人，賜師復以之言乃止。後欲補操時天已小雨，初晴，天熱少退，四四學生遂補操，以學白復出一牌曰……

接人

往	來

通信

往	來
致二兄、致白振民	

四月小 二十三日 来复三 （阳历五月十六日）

记事：

今日天气极热。本校夏操服尚未办就，佥欲请罢操。余为言于林仲希先生（监起居），先生谓可着旧夏操衣。余往检之，则复少十件。遂不能操，及时遂相率入本斋温课。而林先生及白振民先生忽来诘责，予以“天热”复之。白先生怒甚，谓余聚众要挟。时东一斋亦不操，白乃曰：“东一不操，西一担其责；西一不操，胡洪骍担其责。”遂去。意欲重罚为首之人。后以杨师之言乃止。复欲补操。时天小雨初晴，热少退，学生遂补操。寻白复出一牌曰：“胡洪骍、赵敬承（东一班长）不胜班长之任，应即撤去。”夫此事惟“先未告白振民先生”，是为余罪。此外罪名均非所甘认。若不胜任班长，则每斋班长四人，余乃其副中之副也。惟余近亦不愿任事，荒工课，故亦不与辩。夜间闻余君言：“总教谓君强辩，谓上午托言不能操，而下午却能补操，且操后何以不病也？”予时适作一书与白，陈述午前之情形及其原因，因即引余君之言略加辩白。惟书中之意，固不注重此数语也。

四月小　廿四日　來復四

舉世無人識　終年獨自行　海中擎日出　天外晚風生　（鄭所南）

四月廿四日（陽曆五月十七日）

記事	接人
予昨夜寫白〻お白話畢竟好，予所引余君言來詰，氣語甚盛，謂予曰：「此譬我未嘗說，你從何處得來？若是教習說的，我又算退教習學生後的教習除學生」。予先以聞之余君，自曰：「我不曾對余成仁說胡某一個字，你可證也」。予詢之余君，則謂「此乃我解釋白話教之意之語，惟他說不曾對我說君一個字，此則大謬，彼實說君通辭也」。甲時彼聽見腳下中有白後二人相通。質時白乃改口曰：「君曾說你但無病不病之讀耳」。予以為既相宣定，則當無事矣，因汪相竟有大不然者	往　來

通信
往　來

記事

四月小 二十四日 来复四 （阳历五月十七日）

记事：

余昨夜寄白[①]之书，白览毕，竟以予所引余君言来诘，气焰甚盛。谓予曰："此语我未尝说，你从何处得来？若是教习说的，我辞退教习；学生说的，我开除学生。"予告以闻之余君。白曰："我不曾对余成仁说胡洪骍一个字，可证也。"予询之余君，则谓"此乃我解释白总教之意之语，惟他说不曾对我说君一个字，此则大谬。彼实说君遁辞也。"后二人对质时，白乃改口曰："吾实说你，但无病不病之语耳。"予以为二人既指实，则当无事矣，讵料竟有大不然者。

①白，即白振民，又名白作霖，1901 年起在澄衷学堂任副总教、总教（相当于教务主任），1905 年任澄衷学堂校长，1907 年离任。白氏是胡适二哥的同学，胡适进澄衷就读是通过白振民介绍；后胡适提前离开澄衷学堂的主要原因，也是由于与白氏的矛盾。

Non est vivere, sed valere, vita. (Not to live, but to be healthy, islife), Martialis,

生命在健不在活（馬的黎士）

四月廿五日（陽曆五月十八日）

接人		記事	記學
來	往	今日白復懸一牌，中有「擾亂是非，興起風潮」之語，蓋由胡生一人任之也。諸所謂無理取鬧，更使予而欲攝弄學界之風潮也耶？易勿陳述於眾，眾之前，以與之為難，而乃喋喋以紙筆與之辯難耶？余既答復之矣。下午白再懸一牌，大為無理，中有「胡生能保他日無此等無秩序之事否？若有之，但由何人担其責任」，予以事之有無，當視學生之程度若何，管理法何若而後可定，若何人担其責任，則當視此事之性質如何而後定也。答復之。（使予指實其人）（師長）	下午五時半二兄復予一函（予昨以函致二兄，略述此事），蓋白受之於昨日函致吾兄，痛詆吾中有「將此帳不得不能顧私情而妨公益」諸語，故吾兄來函深戒予。予謂「吾所以致此者，皆好名之心為之累」（以予嘗與吾兄同學）。天下事實亞於歸無待於求，實名之一字，本以勵之虞廣人，吾嘗以聖賢自期，勿誠於虞人也。未幾使予至白處謝罪，予不欲拂吾兄意，故第三函與白，函末略陳悔意，謂此後當去客氣以謝之也。
通信			
來	往		
二兄寄予	致白振民（書） 三致白振民（書）		

四月小 二十五日 来复五 （阳历五月十八日）

记事:

今日白复悬一牌,使予指实其人,中有“播弄是非、诬蔑师长之咎,应由胡生一人任之”之语,可谓无理取闹。使予而欲播弄之、诬蔑之也,则曷勿陈述于众之前,以与之为难,而乃喋喋以纸笔与之辩难耶? 余就答复之。下午,白再悬一牌,尤为无理,中有“胡生能保他日无此等无秩序之事否? 若有之,应由何人担其责任?”予以“事之有无,当视学生之程度若何及管理法若何而后可定,若何人担其责任,则当视此事之性质如何而后定也”答复之。

下午五时半,得二兄复予一函(予昨亦函致二兄,略述此事)。盖白乃竟于昨日函致吾兄痛诋吾,中有“将此不悛,将不能顾私情而妨公益”之语(以白尝与吾兄同学),故吾兄来书深戒予,谓“弟所以致此者,皆好名之心为之。天下事,实至名归,无待于求。名之一字,本以励庸人;弟当以圣贤自期,勿自域于庸人也。”末,复使予至白处谢罪。予不欲拂吾兄之意,故第三书与白。书末略陈悔意。谓此后当辞去各职以谢之也。

人生而不學與不生同，學而不知道與不學同，知道而不能行與不知同。（貝原益軒）

四月廿六日（陽曆五月十九日）

學記	事記	接人（往／來）	通信（往／來）
學嚴同學卒不允予之請回也。本齋自始令同學每人記(有)聞之法，以總聚各人之記聞冊而計之，則得一百二十一聞。噫！是直以聞為兒戲，殆將不及。雖有良法，將何所用之也。	予既上復白書，自今日再懸一牌，曰：「胡洪騂自陳改悔，始許其自新，前情姑不追究」云云（此非全文）。嗚呼！此舉幾許筆墨，幾許口舌，直為第一副光耀之面具之價值耳！」二兄復第一書，諄諄以輕妄相勸戒。余前函云「辭職」矣，今函而不踐其言，遂作一書見寄，報告本齋同學以辭職事，復以二兄戒予之書遍示同		來：二兄寄予

四月小 二十六日 来复六 （阳历五月十九日）

记事：

予既三复白书，白今日再悬一牌，曰“胡洪骍自陈改悔，姑许其自新，前情姑不追究”云云（此非全文）。呜呼！几许笔墨，几许口舌，直为争一副光耀之面具之价值耳！

二兄复来一书，谆谆以轻妄相戒。

余前固云“辞职”矣，今当践其言。遂作一意见书，报告本斋同学以辞职事；复以二兄戒予之书，遍示同学，顾同学卒不允予之请也。

本斋自治会自有每人记玷之法以后，聚各人之记玷册而计之，则得一百二十一玷。噫！是真以玷为儿戏矣。资格不及，虽有良法，将何所用之也。

天行健君子以自強不息（易）

四月廿七日（陽曆五月二十日）

接人		記事	記學
往	來	返棧二叉為余言好名之弊病後以朱子近思錄授余命予玩味之[illegible]謂當擇其切於身心者讀之其太極無極等說[illegible]置之也自此會齋會[illegible]陳君受命力勸[illegible]之謂陳君義詞令予非自欺也乃以予意已決答之惟是日到者僅八人不及今日重行選舉也	
通信			
往	來		

四月小 二十七日 来复日 （阳历五月二十日）

记事：

返栈，二兄为余言好名之病，复以朱子《近思录》[①]授予，命予玩味之，谓当择其切于身心处读之，其“太极”、“无极”等说，可姑置之也。

自治会开会。陈君受昌力驳予辞职之说。陈君善词令，予非其敌也，乃以“予意已决”答之。惟是日到者仅八人，不及令其重行选举也。

①《近思录》，朱熹、吕祖谦编选。

治怒爲難，治懼亦難。克己所以治怒，明理所以治懼。（小程子）

四月廿八日（陽歷五月廿一日）

記學	記事	接人	
		往	來
	今日體操教習請假，因故第二時無工課。予因請同學某人代予，乃不意予復得大多數，次因為二郡君子因以「今日選舉，本以求代，若復舉予，則又何必舉也」請之，以時迫不及決而罷。		
		通信	
		往	來

四月小 二十八日 来复一（阳历五月二十一日）

记事：

今日体操，教习请假，故第二时无工课。予因请同学举人代予，乃不意予复得大多数，次为郭君。予因以“今日选举，本以求代，若复举予，则又何必举也？”语之。以时迫，不及决而罢。

四月廿九日（陽曆五月廿二日）

動輒以天下自任、貧子說金、其誰信之、了得吾身、方了得天地萬物、自今且當備嘗、做去有一毫滓穢、必自照自磨、如拔眼釘、磨鍊試始、真可任事。（鄒南皋）

記學

予一生大病根有三：（一）好名，（二）圖[illegible]，（三）責人厚[illegible]未嘗不自知之，每清夜捫心，未嘗不念及而欲改之。陽明云：「未有知而不行者，知而不行，只是未知。」噫嘻，騃也，乃竟欲見哂於子王子歟。

記事

得鄭仲誠自吳淞來函一

接人

往	來

通信

往	來
	鄭仲誠[illegible]予

四月小 二十九日 来复二 （阳历五月二十二日）

记学：

予一生大病根有三：（一）好名；（二）卤莽；（三）责人厚。未尝不自知之，每清夜扪心，未尝不念及而欲痛改之。阳明云："未有知而不行者，知而不行，只是未知。"噫！骍也，乃竟欲见呵于子王子欤？

记事：

得郑仲诚自吴淞来函一。

學問惟在力行，說得一丈，不如行得一尺；說得一尺，不如行得一寸。（劉元城）

閏四月初一日（陽曆五月廿三日）

接人		記事	記學
往	來	本校同學組織一運動會，擬於初五日開春季運動會，辦事人憤其不早與之謀，故絕不與聞。後與學生婉求之，因振民先生乃以洋四元捐為經費云	
通信			
往	來		

闰四月大 初一日 来复三 （阳历五月三日）

记事：

本校同学组织一运动会，拟于初五日开春〔季〕运动会。办事人愤其不早与之谋，故绝不与闻。后学生婉求之白振民先生，乃以洋四元捐为经费云。

所向無空闊，真堪託死生。驍騰有如此，萬里可橫行。

（杜工部）

接	人	記事	記學
往	來	旅滬學會章程予甚不滿意惟連日多事無暇及此今者初晉將前第二会矣不可再續矣因於課餘作一擬議書方守六君及擬起諸人惟一執筆則精講之不自已一日之工不能完也	
通	信		
往	來		

閏四月初二日（陽曆五月廿四日）

闰四月大 初二日 来复四 （阳历五月二十四日）

记事：

旅沪学会章程，予甚不满意，惟连日多事，无暇及此。今者初五日将开第二会矣，不可再缓矣。因于课余作一驳议，寄方守六君及发起诸人。惟一执笔则缕缕不自已，一日之工，不能完也。

千古學術只就一念之微上求

（王龍谿）

記學

寄方守六及學會發起諸人之書成凡三千言其中要點如下

（一）先就學界入手不必雜他界

（二）各校代表人不可廢且必兼糾察之職

（三）各業（學界外各業）代表每次旁聽與會

（四）糾察有名無實可廢去其（於第一項及於第二項職任）則歸各校代表任之其以第三項職任則另立一會場糾察任之

（五）當注意調查

（六）會計一職當由另設不得由店東兼任

記事

接人	
往	來

通信	
往	來
致方守六君（一）	

闰四月大 初三日 来复五 （阳历五月二十五日）

记事：

寄方守六及学会发起诸人之书成，凡三千言，其中要点如下：

（一）先就学界入手，不羼他界。

（二）各校代表人不可废，且必兼纠察之职。

（三）学界外，各业各举一代表，每次与会旁听。

（四）纠察有名无实，可废去，其第一项及第二项职任，则归各校代表任之。其第三项职任，则另立一会场纠察任之。

（五）当注意调查。

（六）会计一职当另设，不得由书记兼任。

有物先天地
無形本寂寥
能爲萬象主
不逐四時凋
（邵子）

記學	記事	接人 往來	通信 往來
	本校運動會明日開会予亦其中職員因為之畫場之運動圍及警察圈來賓席之界限鋪設座次是日未上課也		

闰四月大 初四日 来复六 （阳历五月二十六日）

记事：

本校运动会明日开会。予亦其中职员，因为之划定运动圈及警察圈、来宾座之界限，铺设座次。故是日未上课。

一誠足以消萬僞一敬足以敵千邪所謂先立乎其大者莫切於此

（曹月川）

閏四月初五日（陽曆五月廿七日）

記學

予對方君之言亦未宣布予大憤其日選舉之故時規
則復紊亂無[illegible][illegible]尤可惡者則職員皆由發起人指
出數人由全体公決似乎出於被選者之情願乃舉之
以後有辭職一事者則不知何故也是●計正會長為李
經方（仰行）（李東之）副則方守六也此次新入會者有九
十七人二兄與程士衛君皆今日入會者也

記事

本校運動會開第一次大會計運動之條目十運動員三十餘末復以教
員●學●生●授師之為餘興中來賓約四百人異是●運動以大班跳高撐●
篙●跳●高●為最餘亦不可觀此次創辦伊始已能如此聞下半年時
大開會當較此更有可觀可知也
下午至動物園以安徽旅滬學會假座於此開第二次會也
是日選舉職員乃仍舊貫予前所議改之處均未改正

接人

往	來
	程士衛

通信

往	來

闰四月大 初五日 来复日 （阳历五月二十七日）

记事：

本校运动会开第一次会，计运动之条目十，运动员三十余，末复以“教员学生拔河”为余兴。来宾约四百人。是日运动以“大班跳高”、“撑竿跳高”为最。余也可观。此次创办伊始，已能如此，闻下半年将开大会，当较此更有可观，可知也。

下午至颐园，以安徽旅沪学会假座于此开第二次会也。是日选举职员，乃仍旧贯。予前所议改之处，均未改正；予寄方君之书，亦未宣布。予大愤。选举时，规则复紊乱无序。其尤可笑者，则职员皆由发起人指出数人，由全体公决，似乎出于被选者之情愿，乃举定后复有辞职者，则不知何故也。是日计正会长为李经方（伯行，李文忠子），副则方守六也。此次新入会者有四十七人，二兄与程士衔君，皆今日入会者也。

必使小人不忍以其所為而疑我之為之也乃為信於人（蔡虚齋）

記學
卅日太微處八時乃付郵　呈（?）宿棧中 二兄讀君「新民叢報」六號所載「四書信思与名譽心 之利害」一篇，足為午樂君書取而研究之。二 兄復以二種辨言二冊授予，令玩味之。

記事
作致方君守六函一函，詢其何以不用（?）議 作致鄭仲識函一紙，其於初八日至陳（?）寓待予 予將於火車至松，以本校以運動會後有三日休息故 与接其函（守備書）一函，復函也 下午函棧以致守六君，約与二兄觀之，二兄為予

接人	
往	來

通信	
往	來
致吳（?）鄭臻（?） 致方守六（二）	

闰四月大 初六日 来复一 （阳历五月二十八日）

记事：

作致方君守六函一，询其何以不用吾议。

作致郑仲诚函一，约其于初八日至蕰藻浜待予，以本校以运动会后得三日休息，故予将趁火车至淞，今请其导予一游复旦也。

下午返栈，以致方守六君书与二兄观之，二兄为予删其太激处，八时乃付邮。

是夜宿栈中，二兄语吾："《新民丛报》六号所载《责任心与名誉心之利害》一篇，足为尔药石，盍取而研究之？"二兄复以《二程粹言》二册授予，令玩味之。

閏四月初七日（陽曆五月廿九日）

須知動心最可恥心至貴也物至賤也奈何貴賤役賤役

（高景逸）

記學

吾儕日力何為者？夫吸煙誠學生過，而然，踐（罰）野蠻之法也，奈何以加諸學生？今查儀與丁某勢不兩立，請逐出丁某云云。校長以此風不可長，乃議開除。由代表八學生言之，復開除，爭者程君士衡亦在其列，計二十六人中，年歲八、居大多數，今梅溪嚴人僅一二人矣。聞將為之調停，不知其結果將何如也。

午後返校

記事

梅溪學堂前日大起風潮，學生以是開除者二十六人。先是梅溪學生多有吸食紙煙者，教習丁某建議，大索於學生臥室，檢得閱生所藏紙煙極多，因罰閱生，令長跪半日。學生大憤，時校內教習多請假者，學生因舉代表八人與校長交涉，謂「丁某[illegible]非[illegible]，居非得教，何得罰學生？丁某而果得教也，則曷勿博采勢習，早日上課，而荒棄

接人

往	來

通信

往	來

闰四月大 初七日 来复二 （阳历五月二十九日）

记事:

梅溪学堂前日大起风潮，学生以是开除者二十六人。先是梅溪学生多有吸食纸烟者，教习丁某建议大索于学生卧室，检得闵生所藏纸烟极多，因罚闵生，令长跽半日。学生乃大愤。时校内教习多请假者，学生因举代表八人与校长交涉，谓“丁某非监起居，非总教，何得罚学生？丁某而果总教也，则曷勿请各教习早日上课，而荒弃吾侪日力何为者？夫吸烟诚闵生过，然罚跽，野蛮之法也，奈何以加诸学生？今吾侪与丁某势不两立，请逐出丁某”云云。校长以此风不可长，乃议开除八代表人。学生争之，复开除争者。程君士衡亦在其列。闻二十六人中，吾徽人居大多数。今梅溪徽人仅一二人矣。二兄闻将为之调停，不知其结〔果〕将何如也。

午后，返校。

精神愈用而愈出，不可因身體素弱過于保惜；智慧愈苦而愈明，不可因境遇偶拂遽爾摧沮。（曾文正）

記學	記事	接人 往	接人 來
亦少非著學生也。四時趁第十次火車返滬。予乘火車此為第一次，車中忽得詩四句，錄之：「嗚嗚汽笛鳴，轆轆汽車行，憑窗試外矚，鱗鱗麥黃黄。」「歸途」新。雖不成為詩，然以寫意耳。然則今日又予學作詩之第一次也，一笑。	偕余君成仁、盧君俠一乘火車至吳淞，晤鄭君璋，談甚久。鄭君於下半年權再居澄衷，候他日覓得好學校，上書當同學快甚，熱也。君復尊予返海寰，至復旦新校址觀覽移時。地址甚大，南洋公學不是過也。復旦校規太寬，上課時間	吳淞晤鄭君仲誠	

通信 往	通信 來

闰四月大 初八日 来复三 （阳历五月三十日）

记事：

偕余君成仁、卢君侠乘淞沪火车至吴淞晤郑君璋，谈甚久。郑君劝吾下半年权再居澄衷，俟他日觅得好学校，当与吾同学。慎甚恳挚也。君复导予游海滨，至复旦新校址观览移时。地址甚大，骤观之，南洋公学不是过也。复旦校规太宽，上课时间亦少，非“苦学生”也。四时趁第十次火车返沪。

予乘火车，此为第一次。车中忽得诗四句，录之：

呜呜汽笛鸣，辘辘汽车行；

凭窗试外瞩，一瞬象一新。

虽不成为诗，以写意耳。然则今日又予学作诗之第一次也。一笑。

枉己者，未有能直人者也。（孟子）

記學	記事	接人 往	接人 來	通信 往	通信 來
盡其職守也。England expects every man to do his duty. 於是士氣復振，遂大敗法軍法艦隊及西班牙之艦隊，獨占[illegible]之權力，國以是貴大耶。噫，「責任心」。（按）脫拉發加，一譯實奈飛爾格。	今日上課，適楊師有喉病，故國文科無課。看《新民叢報》「責任心與名譽心之利害」一篇，心大感動。是篇之論注重責任心，因憶昔者拿破崙與英名將納耳遜戰於脫拉發加 Trafalgar，英軍垂敗矣，納耳遜乃詔其軍曰：吾英人當各			致二兄[illegible]	

闰四月大 初九日 来复四 （阳历五月三十一日）

记事：

今日上课，适杨师有喉病，故国文科无工课[①]。看新民丛报《责任心与名誉心之利害》篇，心大感动不自已。是篇立论，注重责任心。因忆昔者拿坡仑与英名将纳耳逊战于脱拉发加 Trafalgar，英军垂败矣，纳耳逊乃诏其军曰：吾英人当各尽其职守也 England expects every man to do his duty，于是士气复振，遂大败法军{法}舰队及西班牙之船队，歼焉。噫！“责任心”Duty 之权力固如是大耶！（按：脱拉发加一译突奈飞尔格）

①工课，相当于现在所说“课”或“课时”。“无工课”，即无课。胡适在《中学国文的教授》中说：“依我们看来，现在中学各项工课平均每周男校三十四时，女校三十三时，未免太重了。”句中的“工课”当作“课时”讲。

憐心一生，便是自暴自棄。（小程子）

記學

前日旅滬學會由方守六君提議由每縣各舉代表一人，予甚不表同情，因作右辨論此事，其要點如左：

（一）不必舉代表之原理，以團體太大故，公推二人以代表之，似每縣所舉者不過二十人，少者僅一人或無之，則以第一會全會員而論，其間僅八十五人，若以縣分之，則須舉の十一代表，大約の十一人代表耳。

（二）不必舉代表，人則每縣若直接與議之為愈也，故不必舉也。

（未完）（見卷末補遺）

記事

集益會開會，予本擬演說，後以時迫不果。然是日予實未能預備，即演說亦不能善矣，不如不演也。

得方君守六來書，謂予所言宜一種怨，惟予不於開會時當席建議，致失事機（方謂章程由會員於第一會改定，時商議大多，遂有勢力，且章程無旋改之理）云云。述約予因十二日上午到張華一晤，予亦以十二日以欲送徵兵事。九時起，無所事事，路燈八時。

接人

往	來

通信

往	來
致守六方君（三）	方守六君復予第二

闰四月大 初十日 来复五 （阳历六月一日）

记事：

前日旅沪学会由方守六君提议，每县各举代表一人，予甚不表同情，因作书与之辩论此事，其要点如左：

（一）不必举。代表之原理，以团体太大，故公推一二人以代表之。今每县多者不过二十人，少者仅一人（或无之），即以第一会会员而论，其间仅八十六人。若以县分之，则须举四十一代表人；以四十一人代表八十余人，则曷若直接与议之为愈也。故不必举也。

（未完）（见卷末“补遗”）[1]

集益会开会，予本拟演说，后以时迫不果。然是日予实未能预备，即演说亦不能善美，不如不演〔说〕也。

得方君守六来书，谓予所言，实获彼心；惟予不于开会时出席建议，致失时机。（方谓章程由会员于第一〔次〕会改定，其时商界人多，遂占势力，且章程无旋定旋改之理云云。）并约予十二日上午九时至振华一晤。予以十二日以欢送征兵事，九时恐无暇，乃改约八时。

①“补遗”尚有两条文字，见本书215页。

閏四月十一日（陽曆六月二日）

（古詩）

前不見古人，後不見來者，念天地之悠悠，獨愴然而涕下。

記學

記事

上海第一次舉行徵兵令，惟吾國積習賤視軍人，故應徵者絕少。有識者乃利用人人之「名譽心」以行歡迎歡送之禮，以鼓勵來者。自上海第一批徵兵已得六十人，閘邑官紳學子定於明日開歡送徵兵大會於學宮內，由本校與焉，計明日十一時出發矣。

接人

往：

來：

通信

往：致方守六君（四）

來：

闰四月大 十一日 来复六 （阳历六月二日）

记事：

上海第一次举行征兵令。惟吾国积习贱视军人，故应征者绝少。识者乃利用人之“名誉心”，行欢迎欢送之礼，以鼓励来者。上海第一批征兵已得六十人。阖邑官绅学子定于明日开欢送征兵大会于学宫，本校与焉。计明日十一时出发矣。

The greatest of faults, I should say, is to be conscious of none.
—Carlyle.

「自己視為無過，過之最大者也」（卡黎爾）

記學	記事	接人 往	接人 來	通信 往	通信 來
七時半至振華晤方君，談二時，所談無足記者。惟方君勸予須時時演說，我謂予頗樂聞之。方君又言學會擬在滬建一[illegible]，[illegible]時常開會[illegible]，勸謂我畢業[illegible]。日急於世，予詢以代表之第一[illegible]，究竟如何，了之[illegible]，言吾儕亦貴躬行，而鳴呼我等，乃[illegible]	事 [illegible] 十一時半同學等陪出校，送[illegible]兵[illegible]。一時至[illegible]三時開會，由[illegible]君等演說，及[illegible]兵[illegible]勉勵。四後由各校學生合唱[illegible]歌，已乃送[illegible]上舟，[illegible]各校揚旗呼「中國萬歲」、「陸軍萬歲」不[illegible]	見方守[illegible]君			

闰四月大　十二日　来复日　（阳历六月三日）

记事：

七时半至振华晤方君，谈二时。所谈无足记者。惟方君劝予须学演说，此语予颇乐闻之。方君又言学会拟在沪建一安徽旅学（凡皖人不取学费），窃谓此事颇非今日急务也。予询以“代表”一事究竟如何了之？彼言吾侪亦敷衍耳。呜呼，此等人可与办事耶？

十一时半，同学整队出发（送征兵也），一时至学宫，三时开会，由雷继兴君等演说及征兵父兄勉励之。后由各校学生合唱《征兵》歌已，乃送征兵登舟，各校扬旗，呼“中国万岁”、“陆军万岁”而散。

閏四月十三日（陽曆六月四日）

仰首攀南斗○翻身依北辰○舉頭天○外望○無我○這○般○人

（陸子）

記學

夫故國愈危而應徵者愈眾，踴躍且能死戰也。吾國人不此之圖，而惟以名譽的鼓勵為由，惟一之手段。嗚呼，此○兩陣交綏，兵刃決接，生命且不保，尚能顧名譽耶？

記事

各國兵制分二種：一強迫的（Conscription）即所謂通國皆兵制也（德法俄日皆從此策）；一情願的（Voluntary Enlistment）則海陸軍皆以徵兵充之（即英國是）。今日之徵我國兵令，情願的也。夫今日而行強迫兵制，固足以致亂，而但知行情願的徵兵令而不知亟於普及教育，使人人皆知服戎為國民天職，是則不揣其本之說也。英行情願的兵制，而英以兵強於天下者，蓋有普及人人皆以是為其應盡之義

接人	
往	來

通信	
往	來

闰四月大 十三日 来复一 （阳历六月四日）

记事:

各国兵制分两种:一强迫的 Conscription,即所谓通国皆兵制也(人人皆须从军,如德、法是);一情愿的 Voluntary Enlistment,即海陆军皆以征兵充之(如英国是)。今日之我国征兵令,情愿的也,夫今日而行强迫兵制,固足以致乱,而但知行情愿的征兵令,而不知亟施普及教育,使人人皆知服戎为国民天职,是则不揣本之说也。英行情愿的兵制,而英以兵强于天下者,以教育普及,人人皆以是为其应尽之义务,故国愈危,而应征者愈踊跃,且能死战也。吾国人不此之图,而以“名誉的鼓励”为惟一之手段。呜呼!他日两阵交绥,兵刃既接,生命且不保,尚能顾名誉耶?

聽其言也厲，須是有方。某常自驗，覺心不在時，語便無力。（謝上蔡）

記學	記事	接人
	偶讀學記曰記問之學不足以為人師而未嘗不生大感觸夫本校教員有不記問而足為人師者乎有也近日學堂因兩頭備室以使其記問嗚呼真人師國教[illegible]著三又言中國教育學三十年後將成為色學者[illegible]開而疑之令以為不[illegible]則以為人師而大懵懵者又[illegible]國畢生之[illegible]也	往來
		通信
		往來

闰四月大 十四日 来复二 （阳历六月五日）

记事：

偶读《学记》[①]至“记问[②]之学，不足以为人师”句，未尝不生大感触。夫本校教员有不藉记问而足为人师者乎，无有也。学堂且开预备室，以使其记问，呜呼，真人师哉？真人师哉？昔二兄言中国文学三十年后将成为绝学，吾始闻而疑之，今观于今日之为人师者而大惧，惧吾兄之言果验也。

①《学记》，《礼记》中的篇名，中国最早的关于教育、教学活动的论著，是对先秦儒家教育经验的理论总结。

②记问，指预诵杂难杂说，至讲课时为学生讲述。

閏四月大十五日來復三 （芒種）

或言人事煩日大，凡事只得耐煩做將去，方起厭心，便不得。（朱子）

閏四月十五日（陽曆六月六日）

記學	記事	接人 往來	通信 往來
	得鄭曉滄書，責予之照片。余六年來拍照，皆與友人拍之紀念者，而不獨拍之片，卻未嘗有，故擬俟秋涼後當寄與之也。		

闰四月大 十五日 来复三 （阳历六月六日）

记事:

得郑璋书,索予之照片。余年来拍照,皆与友人拍为纪念者,而一人独拍之片,却未曾有,故拟俟秋凉后当寄与之也。

閏四月大 十六日 來復四

處事不精，皆由養之不完固。

（小程子）

閏四月十六日（陽曆六月七日）

記學	記事	接人
	今日作文課題為「歡送衛兵之感情」，吾乃就十三日所記者再編，蓋不自思不言之也	往來：
		通信 往來：

闰四月大 十六日 来复四 （阳历六月七日）

记事：

今日作文，课题为《欢送征兵之感情》，予乃就十三日所记者立论，盖不思不言者也。

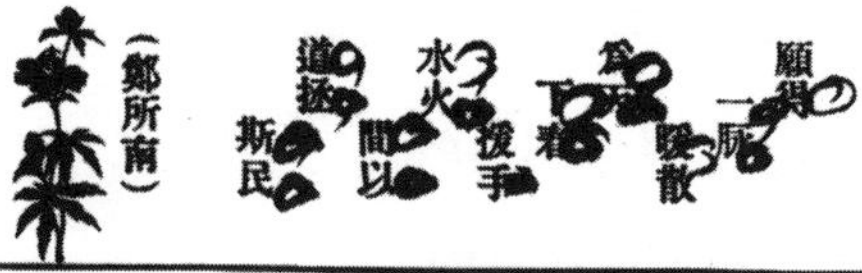

閏四月十七日（陽曆六月八日）

記學	記事	接人 往	接人 來
	向白振民處取得江蘇學會簡章一帙，見其內容完備美善，亟宜聯安徽學會會章亦可（從此）擬也		

通信 往	通信 來

闰四月大 十七日 来复五 （阳历六月八日）

记事：

向白振民处取得江苏学会简章一纸，见其完备善美处，直非安徽学会会章所可比拟也。

閏四月大十九日來復日

百川東到海，何時復西歸。少壯不努力，老大徒傷悲。

閏四月十九日（陽曆六月十日）

接人	記事	記學
往來	自治會開第一會，予演說「慎獨」及「交際之要素」二事。本校理化研究會開理化比賽會，以示會外人以教一切。是日崔、董校長偕諸會教給獎鼓勵，甚盛也。	
通信 往來		

闰四月大　十九日　来复日　（阳历六月十日）

记事：

自治会开会。予演说“慎独”及“交际”之要素”二事。

本校理化研究会开理化比赛会，以与会外人比较一切。是日，堂董、校长俱诣会给奖鼓励，甚盛也。

言語無序亦足以見心之不存（王陽明）

接人		記事	記學
往	來	放學後余與余君鄒君張君（錦城）等同遊郊外散步，並議開一聯華會，定講演及成績之門類，本校同學之足以任此者當不下十條人，使畢兩輔來必廣以從也	
通信			
往	來		

閏四月二十日（陽曆六月十一日）

闰四月大 二十日 来复一 （阳历六月十一日）

记事：

放学后，余与余君、郭君、张君（锦诚）等同诣郊外散步，共议开一学艺会，定讲演及成绩二门。计本校同学之足以任此者，当不下十余人。使果开办，未必落人后也。

萬壑樹參天。千山響杜鵑。山中一半雨。樹杪百重泉。（王摩詰）

閏四月廿一日（陽曆六月十二日）

接人		記事	記學
往	來	風聞有六月初十日放暑假之說，余殊大詫，以為六月初十則酷暑已過，安用假為。果爾則吾儕必不能得假，但請教官照常上課，可矣。後聞洋文教習因欲早日畢假，遂改早十四日，眾皆釋然。	
通信			
往	來		

闰四月大 二十一日 来复二 （阳历六月十二日）

记事：

风闻有六月初十日放暑假之说，佥大诧，以为六月初十，则酷暑已过，安用假为？果尔，则吾侪必不欲放假，但请教习照常上课可矣。后闻洋文教习欲早日暑假，遂改早十四日，众始释然。

小人之學也，入乎耳，出乎口；口耳之間則四寸耳，曷足以美七尺之軀哉！（荀子）

記學	記事	接人 往	接人 來
	郭君以湖南學務會之意告之，自振民（綃）向不可渾渾而俟下學期，再自舉行此學期不及集天下之議，悉羅羣意，要毋一議，開所建白之之實際，無可議之價值也。在湖南人眼之		

通信 往	通信 來

闰四月大 二十二日 来复三 （阳历六月十三日）

记事：

郭君以“开学艺会”之意告之白振民，白不可，谓可俟下学期再举行，此学期来不及矣云云，议遂罢。盖吾西一斋所建白之言，在办事人视之，殊无可听之价值也。

人到生死不亂，方是得手。居常當歸併精神，一路毋令漏洩。

（鄒南皋）

記學	記事	接人往來
	寶山縣學堂於廿六日開春季學務學藝會，楊師得有觀覽券一紙，即謂本校同學將來必有勝學藝者，不可不借鏡他校，因命本級同學凡發一人以此券往觀，週書一切後，選舉得余與鄭君二人，乃請楊師作一介紹書與余，以券紙一張也。	往 來
		通信 往 來

閏四月廿四日（陽曆六月十五日）

闰四月大 二十四日 来复五 （阳历六月十五日）

记事：

宝山县学堂于廿六日开春季游艺会，杨师得有“观览券”一纸，谓本校同学将来必有游艺之举，不可不借镜他校，因命本斋同学公举一人，以此券往调查一切。后选举得余与郭君二人，乃请杨师作一介绍书与余，以券纸一张也。

心迹未嘗判迹，有可疑；畢竟其心，尚有不能盡信處。自信此生決無盜賊之心，雖有褊心之人，亦不以此疑我。（王龍谿）

記學

五時半偕郭君勳身，六時半至車站，七時火車開。時行七時半，至下關車站，八時一刻至寶山。九時於縣會所開會，至五時散會，始歸。所調查之證所著〃寶山縣學堂春季辦〃教〃會〃記〃是日承招待員決國廟〃善先生於特因至留膳午時，歸則代為備車接極可感也（楊師介紹老師即與決先生之右）

記事

晨五時起，聞徹畢與觀寄宿舍後門大開，賊所有箱四只，中皆空，惟遺書籍〃〃遍地，蓋夜來賊撬入所竊去也。急呼傭役起，視知竊箱為俞慶棠物，在予臥室樓下，而賊所從入之處則在寄宿所東北隅短垣上也。

接人

往	來

通信

往	來

闰四月大 二十六日 来复日 （阳历六月十七日）

记事：

晨五时起，盥漱毕，瞥见寄宿舍后门大辟，门外有箱四只，中皆空，惟书籍遗弃遍地。盖夜来贼撬门入所窃去也。急呼佣役起视，知箱为俞庆尧物，在予卧室楼下，而贼所从入处，则在寄宿所东北隅短垣上也。

五时半偕郭君动身，六时半至车站，七时火车开行，七时半至吴淞，八时一刻至宝山，九时游艺会开会。至下午五时散会始归。所调查见所著《宝山县学堂春季游艺会记》。是日承招待员沈商善先生招待周至，午时留膳，归则代为雇车，情极可感也。（杨师介绍书即与沈先生者。）

He knows not his own stpength that has not met adversity.

—Ben Jonson.

不遇艱難不知我躬之有大力（約翰遜）

接	人	記事	記學
往	來	作「寶山縣之孝堂桴」一幕已全記之惟無暇不克謄事又昨日晚遇一奇怪事之社會現狀亦擬以小說体記之顧以無暇故不果遑也	
通	信		
往	來		

閏四月廿七日（陽曆六月十八日）

闰四月大 二十七日 来复一 （阳历六月十八日）

记事：

作《宝山县学堂游艺会记》，惟无暇不克竣事。

又，昨日归途，遇一奇怪之社会现状，亦拟以小说体记之。顾以无暇，故不遑也。

磨鍊細一番乃見得一番前日不認得是過處今日卻認得是過

（蔣道林）

記學	記事	接人 往	接人 來
	今日又以繪地圖故不暇作游藝會記		

通信 往	通信 來

四月廿八日（陽曆六月十九日）

闰四月大 二十八日 来复二 （阳历六月十九日）

记事：

今日又以绘地图,故不暇作《游艺会记》。

靜後，見萬物自然皆有春意。（大程子）

記學	記事	接人
	今日余以二小時之力（作文課）作「游藝會記」，尤未能成。余作文極緩，至少亦須二小時點，亦（加）僅成數百字，良可慨也。	往來：
		通信往來：

闰四月大 三十日 来复四 （阳历六月二十一日）

记事：

今日余以作文工课二小时之力，作《游艺会记》，犹未能成。余作文极缓，至少亦须二小时，然亦仅成数百字耳，可愧，可愧！

為人須求為眞人毋為假人吾平日為人得毋未眞耶
（夏廷美）

五月初九日（陽曆六月廿日）

記學	記事	接人 往	接人 來
下午赴西震旦學校游藝會無他工課惟演劇耳（劇中曲調及裝飾均仿法國）登場之先唱裝飾如繪恩談讚唱歌此曲淒下極西震旦教士所設因後日即自此退出故嘆吾觀于震旦而知外人之教育	會未畢余即歸以是日中學生曲同拍一照也是日共拍二照一中學同學一西一自治會也		

通信 往	通信 來

五月小 初九日 来复六 （阳历六月三十日）

记事：

下午，往观震旦学院游艺会。会无他工课，惟演剧耳（剧中曲调及装饰均效法国）。登场诸生装饰如细崽，谈话唱歌，皆油滑之极。震旦教士所设，复旦即自此退出者。噫，吾观于震旦，而知外人之教育！

会未毕，余即归，以是日中学生约同拍一照故也。是日共拍二照：一中学同学，一西一自治会也。

五月小初十日來復日

閱機事久，機心必生。蓋方其閱時，心必喜，飢喜則如稀下種子。（小程子）

五月初十日（陽曆七月一日）

接人		記事	記學
往	來	（晨）上午張君（善述）張君（錫城）郭君（德洸）余君（式之）孔君（仁卿）趙君（壽銘）及予七人同詣耕莘照相室合拍一照。六人者皆同學中之最相契者也。下午擬繪一德意志圖，天熱甚，方執筆而汗珠已涔涔從毛孔中出。（晚）[illegible]未藏了而罷。	
通信			
往	來		

五月小 初十日 来复日 （阳历七月一日）

记事：

上午，张君(美品)、张君(锦成)、郭君(传治)、余君(成仁)、孔君(仁卿)、赵君(寿铭)及予七人，同诣耀华照相室合拍一照。六人者，皆同学中之最相契者也。

下午，拟绘一德意志图。天热甚，方执笔而汗珠已滋滋从毛孔中出，故未成事而罢。

我志未酬人亦苦
東南到處有啼痕
（石達開）

五月廿五日（陽曆七月十六日）

接人		記事	記學
往	來	今日暑假退學後諸生皆出校矣，忽見一牌示謂余成仁院月命太高，為危積其剋擇相當者入之，下學期毋庸來校」（參聲錄）云云。蓋昨日事之結果也。成仁往詢其自命太高之讀何所見而云然？尚擬民曰：「何使汝不如此，則我可作為我恭維汝之讀也可也」曰云云。噫，昨日	
通信			
往	來		

五月小 廿五日 来复一 （阳历七月十六日）

记事：

今日暑假谒圣后，学生皆出校矣。忽见一牌示谓“余成仁既自命太高，应听其别择相当者入之。下学期毋庸来校”（节录）云云。盖昨日事之结果也。成仁往询其“自命太高”之语何所见而云然，白振民曰：“即使汝不如此，则作为我恭维汝之语可也”云云。噫，昨日[1]

①手稿未写完。

五月廿六日（陽曆七月十七日）

一片之誠存於胸中雖若甚微不可見而實爲萬事之根原可以修藝事可以植學識可以治人民可以交神明

（中村敬字）

記學	記事	接人	
		往	來
	南洛行裝餘名之十餘部[illegible]醫滿不能載因寄存校中下午三時同樓の時報[illegible]隣[illegible]之居交部行李訖即至棋盤街購[illegible]級漢文範[illegible][illegible]二百張君[illegible]所[illegible]也		

通信	
往	來

五月小 廿六日 来复二 （阳历七月十七日）

记事：

治行装，余书三十余部，箧满不能载，因寄存校中。下午三时回栈，四时抵瑞兴店，交卸行李讫，即至棋盘街[1]购《初级英文范》及《English Grammar Book II》【《英文语法》第二册】二书。张君（美品）所托也。

①棋盘街，在今上海河南中路福州路附近。当时这里云集了销售文具、纸张、书籍等店铺，至今依然保留着文化街的特色。

Dum singuli puguant, universi vincuntur (While each is fighting separately, the whole are conquered). —Tacitus.

人自為戰則總軍必勝（塔士多）

五月廿七日（陽曆七月十八日）

接人		記事	記學
往	來	今日為西成小學堂（姚西暉等所建造）游藝[會]，舍弟明予承惠入場券一紙，惟以心〻小不如意，百為遂不能往。作函致郭君及朱君。	

通信	
往	來
致朱成章 致郭偉洪	

五月小 廿七日 来复三 （阳历七月十八日）

记事：

今日为西成小学堂（姚孟晖等所建设）游艺会会期，余承惠入场券一纸，惟以些小不如意事，遂不能往。

作函致郭君及朱君。

君子恥其言而過其行 （孔子）

記學	記事	接人	
	此次吾家先後二次損失地契衣服（除余穿在身之衣褲外）書籍（除余已帶往校中外）盡付一炬 余[illegible] 從瓦礫堆中尋出者無幾須憶錄之亦從今日起即動手也	往	來
			僕嵩來[illegible]我[illegible]余往 [illegible]以信請看今夜[illegible]
		通信	
		往	來

五月小 廿八日 来复四 （阳历七月十九日）

记事：

此次吾家失火，二兄损失独多，衣服（除穿在身之衣裤外）、书籍（除余已带往校中各书外）尽付一烬。余拟从瓦砾堆中寻出些须烬余之书，从今日起即动手也。

當萬欲騰沸之中，若肯返諸一念良知，其真是真非炯然未嘗不明。（王龍溪）

五月廿九日（陽歷七月二十日）

記學	記事	接人
	午往寶興兄（同鄉也）新自里中來，述我諸里中近事。其風俗之敗壞，道德之墮落，駭人。三年前直又大加進步矣，可嘆也。又為余言近仁族叔（余在家時至好友也）近不得意於家庭，惟授徒為餬口計，擬作一書勸之。	往來：
		通信 往來：

五月小 廿九日 来复五 （阳历七月二十日）

记事：

汪宝开兄（同乡也）新自里中来，过我谈里中近事，其风俗之败坏、道德之堕落，较之三年前直又大加进步矣。可叹也。

又为余言，近仁族叔（余在家时至友也）近不得意于家庭，惟授徒糊口。余拟作一书致之。

六月大初一日來復六

修心以正　保躬以靜　進退有義　得失有命

（司馬溫公）

六月初一日（陽歷七月廿一日）

接人		記事	記學
往	來	月來以事忙不暇也，從事日記已一月餘未記矣，無憾也。過去深切關聯，腦中尚依稀可憶，然祇存大略矣。 追記日記	
通信			
往	來		
致劉仲誠			

六月大 初一日 来复六 （阳历七月二十一日）

记事：

月来以事忙，不暇治他事。日记已一月余未记矣。无恒之过，其深如渊。虽脑中尚依稀可忆，然只存大略矣。追记日记。

豪氣一飲一千鍾 喚得國裏春風生

（鄭所南）

六月初二日（陽曆七月廿二日）

接人		記事	記學
往	來	新聞報所載眼中留影之說余看里至廿六日為止以下以栈中不宜此報故未能看因至日華書借來一覽以校此小說廣回廢辭也	
通信			
往	來		

六月大 初二日 来复日 （阳历七月二十二日）

记事：

新闻报所载之《眼中留影》小说，余看至廿六日为止，以下以栈中不定〈订〉此报，故未能看，因至汪美春借来一观，以救此小说癖也。

渴不飲盜泉水，熱不息惡木陰。惡木豈無枝，志士多苦心。（陸士衡）

記學	記事	接人 往	接人 來
	作函致余成仁詢近況如何		

通信 往	通信 來
致余成仁	

六月初三日（陽曆七月廿三日）

六月大 初三日 来复一 （阳历七月二十三日）

记事:

作函致余成仁,询近况如何。

六月初四日（陽曆七月廿四日）

吾人於一日十二時中精神志意皆有安頓處方有進步處（耿天臺）

學記	記事	接人 往	接人 來
	作「馬車御者」一篇，用小說體，事即閏四月二十七日所記之奇怪社會現狀也。得余君自常來函，述近況甚進退維谷也		

通信 往	通信 來
	余敬仁

六月大 初四日 来复二 （阳历七月二十四日）

记事：

作《马车御者》一篇，用小说体，即闰四月二十七日所记之“奇怪社会现状”也。

得余君自常来函一，述近况，甚进退维谷也。

學者不知一念之差已爲跖徒見得志者負國家往往竊歎豈知己之汲汲營私是其植根而得志時不過成就結果之耳

（潘雪松）

記學	記事	接人 往	接人 來
	程君士衡所讀之 Carpenter's Geographical Reader 之一，書乃爲卡氏曾周游世界時所記行之書，甚詳盡，且文理亦淺顯，因與程君合譯之。 閱「華子箴言」		

通信 往	通信 來

六月大 初五日 来复三 （阳历七月二十五日）

记事:

程君士衔所读 Carpenter’s Geographical Reader【卡彭特《地理读本》】一书,乃卡氏周游世界时记行之书,甚详尽,且文理亦浅显,因拟与程君合译之。

阅《弟子箴言》[1]。

①《弟子箴言》,清代胡达源撰。

身心須有安頓處若無安頓處則惟日擾擾於利害中而已（吳康齋）

六月初六日（陽曆七月廿六日）

記學	記事	接人 往	接人 來
	檢得古詩古七十條新購帖十餘幅		

通信 往	通信 來

六月大 初六日 来复四 （阳历七月二十六日）

记事：

检残书，得书七十余部，牌帖十余幅。

此爲預備每日記事記學欄中或經寫滿即移寫于此所以補其不足也

閏四月八日來復三

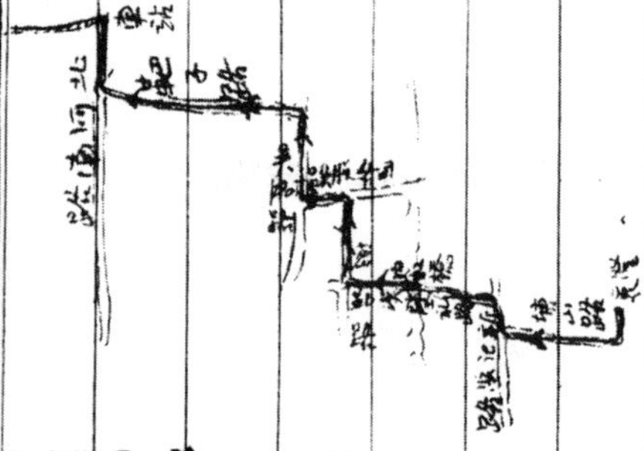

閏四月八日記

自澄衷至淞滬鐵路車站圖

閏四月 日來復五

（續）

（二）不能舉代表必深悉選舉之利害若合商學界不分則利害不同趣向異宜爲一縣之人二界皆有之則將舉學界人乎抑舉商界人乎故不能舉

（三）當用二界分舉法

（甲）學界 各校分舉（性質稍異）

（乙）商界 各業分舉

一

丙午年自治日记补遗

闰四月　八日　来复三

闰四月八日记

自澄衷至淞沪铁路车站图

(二)不能举。代表必深悉选举者之利害,今商学界不分,则利害不同,趋向异宜。苟一县之人二界皆有之,则将举学界人乎?抑举商界人乎?故不能举。

(三)当用二界分举法。(甲)学界,各校分举(性质稍异);(乙)商界,各业分举。

月　日　來復

淞滬火車開行時刻表

自至	開時（時分）	班	至時（時分）
吳淞 上海	八 四十	三	九 九
上海 吳淞	八	二	八 二七
吳淞 上海	十二 四十	九	一 九
上海 吳淞	十二	八	十二 二九
上海 吳淞	一 二十	十	一 四九
吳淞 上海	二	十一	二 二九

月　日　來復

丹麥統計表

月 日來復	
月 日來復	面積一 本部15388方哩 非屬冰島90800方哩
月 日來復	

十一

會計籍

月	日	種類	收入 千	收入 百	收入 十	收入 元	收入 角	收入 分	支出 千	支出 百	支出 十	支出 元	支出 角	支出 分	總名
正	十九	自[illegible]寄来				65	30					[illegible]			
	廿七	学费										64			
	廿九	医药费										1			

友人住所錄

姓名	住所
郭倬浤	上海西門內西倉橋楊家坊口
張錦城	英大馬路高陽里內福昌洋貨號
趙鑄	泰興銀定巷
孔仁卿	上海法界洋涇浜恒春東洋滙票字號
張美山	浙江台州寧海南鄉海游
楊錫仁	蘇州婁門東麒麟巷
朱成甫	虹口西華德路謙吉里1406
陸樹勛	
葛文慶	
陳鍾英	

姓名	住所
金成仁	常州局前街迎春橋鶴園街陸宅
趙敬誠	常州新街仁里一弄張聯里三通巷
陳安昌	二白大橋北境可城
楊錫仁	承鎮鎮
孫頌臣	上海南市老馬路三泰碼頭南首灘滸里

四十自述（节选）[1]

胡适

（一）

光绪甲辰年(一九〇四)的春天,三哥的肺病已到了很危险的时期,他决定到上海去医治。我母亲也决定叫我跟他到上海去上学。那时我名为十四岁,其实只有十二岁有零。这一次我和母亲分别之后,十四年之中,我只回家三次,和她在一块的时候还不满六个月。她只有我一个人[2],只因为爱我太深,望我太切,所以她硬起心肠,送我向远地去求学。临别的时候,她装出很高兴的样子,不曾掉一滴眼泪。我就这样出门去了,向那不可知的人海里去寻求我自己的教育和生活,——孤零零的一个小孩子,所有的防身之具只是一个慈母的爱,一点点用功的习惯,和一点点怀疑的倾向。

我在上海住了六年(一九〇四——一九一〇),换了四个

---

① 节选自《胡适全集》第18卷。安徽教育出版社，2003年9月版。这部分的文字，原文的小标题为“三、在上海（一）”。文字里括号内的注释性文字原文就有。编者的注释加在每页后面。

② 胡适有三个哥哥和三个姐姐，都是父亲与第二任妻子所生。生母17岁嫁给他父亲时，父亲已经47岁，婚后6年，他父亲去世，只生了胡适一个孩子，所以他说“她只有我一个人”。

学校（梅溪学堂，澄衷学堂，中国公学，中国新公学[①]），这是我一生的第二个段落。

****

我父亲生平最佩服一个朋友——上海张焕纶先生（字经甫）。张先生是提倡新教育最早的人，他自己办了一个梅溪书院，后来改为梅溪学堂[②]。二哥、三哥都在梅溪书院住过，所以我到了上海也就进了梅溪学堂。我只见过张焕纶先生一次，不久他就死了。现在谈中国教育史的人，很少能知道这一位新教育的老先锋了。他死了二十二年之后，我在巴黎见着赵诒璹（字颂南，无锡人），他是张先生的得意学生，他说他在梅溪书院很久，最佩服张先生的人格，受他的感化最深。他说，张先生教人的宗旨只是一句话："千万不要仅仅做个自了汉。"我坐在巴黎乡间的草地上，听着赵先生谈话，想着赵先生夫妇的刻苦生活和奋斗精神，——这时候，我心里想：张先生的一句话影响了他的一个学生的一生，张先生的教育事业不算是失败。

梅溪学堂的课程是很不完备的，只有国文，算学，英文三项。分班的标准是国文程度。英文、算学的程度虽好，

① 中国公学，建于1905年，由部分留日学生回国在上海创办，1906年开学。1908年，中国公学闹了一次风潮，大多数学生退学出来，另行组织一所学校，称为"中国新公学"。仅一年多，新公学解散，部分学生回到中国公学。

② 梅溪学堂，参见本书第31页注①。

国文不到头班，仍不能毕业。国文到了头班，英文、算学还很幼稚，却可以毕业。这个办法虽然不算顶好，但这和当时教会学堂的偏重英文，都是过渡时代的特别情形。

我初到上海的时候，全不懂得上海话。进学堂拜见张先生时，我穿着蓝呢的夹袍，绛色呢大袖马褂，完全是个乡下人。许多小学生围拢来看我这乡下人。因为我不懂话，又不曾“开笔”做文章，所以暂时编在第五班，差不多是最低的一班。班上读的是文明书局的《蒙学读本》，英文班上用《华英初阶》，算学班上用《笔算数学》。

我是读了许多古书的，现在读《蒙学读本》，自然毫不费力，所以有工夫专读英文、算学。这样过了六个星期。到了第四十二天，我的机会来了。教《蒙学读本》的沈先生大概也瞧不起这样浅近的书，更料不到这班小孩子里面有人起来驳正他的错误。这一天，他讲的一课书里有这样一段引语：

传曰，二人同心，其利断金。同心之言，其臭如兰。

沈先生随口说这是《左传》上的话。我那时已勉强能说几句上海话了，等他讲完之后，我拿着书，走到他的桌边，低声对他说：这个“传曰”是《易经》的《系辞传》，不是《左传》。先生脸红了，说，“侬读过《易经》？”我说读过。他又问，“阿曾读过别样经书？”我说读过《诗经》、《书经》、

《礼记》。他问我做过文章没有，我说没有做过。他说，“我出个题目，拨侬做做试试看。”他出了“孝弟说”三个字，我回到座位上，勉强写了一百多字，交给先生看。他看了对我说，“侬跟我来。”我卷了书包，跟他下楼走到前厅。前厅上东面是头班，西面是二班。沈先生到二班课堂上，对教员顾先生说了一些话，顾先生就叫我坐在末一排的桌子上。我才知道我一天之中升了四班，居然做第二班的学生了。

可是我正在欢喜的时候，抬头一看，就得发愁了。这一天是星期四，是作文的日子。黑板上写着两个题目：

论题：原日本之所由强。

经义题：古之为关也将以御暴，今之为关也将以为暴。

我从来不知道“经义”是怎样做的，所以想都不敢去想他。可是日本在天南地北，我还不很清楚，这个“原日本之所由强”又从哪里说起呢？既不敢去问先生，班上同学又没有一个熟人，我心里颇怪沈先生太卤莽，不应该把我升的这么高，这么快。

忽然学堂的茶房走到厅上来，对先生说了几句话，呈上一张字条，先生看了字条，对我说，我家中有要紧事，派了人来领我回家，卷子可以带回去做，下星期四交卷。我正在着急，听了先生的话，抄了题目，逃出课堂，赶到门房，才知道三哥病危，二哥在汉口没有回来，店里（我家那时在上海南市开一个公义油栈）的管事慌了，所以赶人来领我回去。

我赶到店里，三哥还能说话。但不到几个钟头，他就死了，死时他的头还靠在我手腕上。第三天，二哥从汉口赶到。丧事办了之后，我把升班的事告诉二哥，并且问他"原日本之所由强"一个题目应该参考一些什么书。二哥检了《明治维新三十年史》、壬寅《新民丛报汇编》……一类的书，装了一大篮，叫我带回学堂去翻看。费了几天的工夫，才勉强凑了一篇论说交进去。不久我也会做"经义"了。几个月之后，我居然算是头班学生了，但英文还不曾读完《华英初阶》，算学还只做到《利息》。

这一年梅溪学堂改为梅溪小学，年底要办毕业第一班。我们听说学堂里要选张在贞，王言，郑璋和我四个人到上海道衙门去考试，我和王、郑三人都不愿意去考试，都不等到考试日期，就离开学堂了。

为什么我们不愿受上海道的考试呢？这一年之中，我们都经过了思想上的一种激烈变动，都自命为"新人物"了。二哥给我的一大篮子的"新书"，其中很多是梁启超先生一派人的著述；这时代是梁先生的文章最有势力的时代，他虽不曾明白提倡种族革命，却在一班少年人的脑海里种下了不少革命种子。有一天，王言君借来了一本邹容的《革命军》，我们几个人传观，都很受感动。借来的书是要还人的，所以我们到了晚上，等舍监查夜过去之后，偷偷起来点着蜡烛，轮流抄了一本《革命军》。正在传抄《革命军》的少年，怎肯投到官厅去考试呢？

这一年是日俄战争的第一年。上海的报纸上每天登着很详细的战事新闻，爱看报纸的少年学生都感觉绝大的兴奋。这时候中国的舆论和民众心理都表同情于日本，都痛恨俄国，又都痛恨清政府的宣告中立。仇俄的心理增加了不少排满的心理。这一年，上海发生了几件刺激人心的案子。一件是革命党万福华在租界内枪击前广西巡抚王之春，因为王之春从前是个联俄派。一件是上海黄浦滩上一个宁波木匠周生有被一个俄国水兵无故砍杀。这两件事都引起上海报纸的注意；尤其是那年新出现的《时报》，天天用简短沉痛的时评替周生有喊冤，攻击上海的官厅。我们少年人初读这种短评，没有一个不受刺激的。周生有案的判决使许多人失望。我和王言、郑璋三人都恨极了上海道袁海观，所以连合写了一封长信去痛骂他。这封信是匿名的，但我们总觉得不愿意去受他的考试。所以我们三个人都离开梅溪学堂了。（王言是黟县人，后来不知下落了；郑璋是潮阳人，后改名仲诚，毕业于复旦，不久病死。）

（二）

我进的第二个学堂是澄衷学堂。这学堂是宁波富商叶成忠先生创办的，原来的目的是教育宁波的贫寒子弟；后来规模稍大，渐渐成了上海一个有名的私立学校，来学的人便不限止于宁波人了。这时候的监督是章一山先生①，总教是白振民②先生。白先生和我二哥是同学，他看见了我在梅溪作的文字，劝我进澄衷学堂。光绪乙巳年(一九〇五)，我就进了澄衷学堂。

澄衷共有十二班，课堂分东西两排，最高一班称为东一斋，第二班为西一斋，以下直到西六斋。这时候还没有严格规定的学制，也没有什么中学小学的分别。用现在的名称来分，可说前六班为中学，其余六班为小学。澄衷的学科比较完全多了，国文、英文、算学之外，还有物理、化学、博物、图画诸科。分班略依各科的平均程度，但英文、算学程度过低的都不能入高班。

我初进澄衷时，因英文、算学太低，被编在东三斋(第五班)。下半年便升入东二斋(第三班)，第二年(丙午，一九〇六)又升入西一斋(第二班)。澄衷管理很严，每月有月考，每半年有大考，月考大考都出榜公布，考前三名的有奖品。我的考试成绩常常在第一，故一年升了四班。我

---

① 章一山，名章梫，字立光，号一山（1861—1949），浙江宁海人，光绪三十年（1904）进士，翰林院检讨。1901年7月到澄衷学堂任职，先任总教（教务主任），1903年任监督（校长）。是澄衷学堂第三任校长。1905年离开澄衷学堂去北京任职。

② 白振民，参见本书第125页注①。

在这一年半中，最有进步的是英文，算学。教英文的谢昌熙先生、陈诗豪先生、张镜人先生，教算学的郁耀卿先生，都给了我很多的益处。

我这时候对于算学最感觉兴趣，常常在宿舍熄灯之后，起来演习算学题。卧房里没有桌子，我想出一个法子来，把蜡烛放在帐子外床架上，我伏在被窝里，仰起头来，把石板放在枕头上做算题。因为下半年要跳过一班，所以我须要自己补习代数。我买了一部丁福保先生编的代数书，在一个夏天把初等代数习完了，下半年安然升班。

这样的用功，睡眠不够，就影响到身体的健康。有一个时期，我的两只耳朵几乎全聋了。但后来身体渐渐复原，耳朵也不聋了。我小时身体多病，出门之后，逐渐强健。重要的原因我想是因为我在梅溪和澄衷两年半之中从来不曾缺一点钟体操的功课。我从没有加入竞赛的运动，但我上体操的课，总很用气力做种种体操。

澄衷的教员之中，我受杨千里先生（天骥）① 的影响最大。我在东三斋时，他是西二斋的国文教员，人都说他思想很新。我去看他，他很鼓励我，在我的作文稿本上题了"言论自由"四个字。后来我在东二斋和西一斋，他都做过国文教员。有一次，他教我们班上买吴汝纶删节的严复译本《天演论》来做读本，这是我第一次读《天演论》，高兴

① 杨千里，参见本书第69页注①。

的很。他出的作文题目也很特别，有一次的题目是“物竞天择，适者生存，试申其义”。（我的一篇，前几年澄衷校长曹锡爵先生[①]和现在的校长葛祖兰先生[②]曾在旧课卷内寻出，至今还保存在校内。）这种题目自然不是我们十几岁小孩子能发挥的，但读《天演论》，做“物竞天择”的文章，都可以代表那个时代的风气。

《天演论》出版之后，不上几年，便风行到全国，竟做了中学生的读物了。读这书的人，很少能了解赫胥黎在科学史和思想史上的贡献。他们能了解的只是那“优胜劣败”的公式在国际政治上的意义。在中国屡次战败之后，在庚子、辛丑大耻辱之后，这个“优胜劣败，适者生存”的公式确是一种当头棒喝，给了无数人一种绝大的刺激。几年之中，这种思想像野火一样，延烧着许多少年人的心和血。“天演”、“物竞”、“淘汰”、“天择”等等术语都渐渐成了报纸文章的熟语，渐渐成了一班爱国志士的“口头禅”。还有许多人爱用这种名词做自己和儿女的名字。陈炯明不是号竞存吗？我有两个同学，一个叫做孙竞存，一个叫做杨天择。我自己的名字也是这种风气底下的纪念品。我在学堂里的名字是胡洪骍。有一天的早晨，我请我二哥代我想一个

---

① 曹锡爵，字慕管（1887—1929），浙江上虞人。1912年，澄衷学堂改名为“澄衷中小学校”，曹锡爵1912—1927任该校校长。

② 葛祖兰，字锡祺（1886—1987），浙江慈溪人。1912年任澄衷中小学校教务主任，1927年—1931年任该校校长。

表字，二哥一面洗脸，一面说："就用'物竞天择适者生存'的'适'字，好不好？"我很高兴，就用"适之"二字。（二哥字绍之，三哥字振之。）后来我发表文字，偶然用"胡适"作笔名，直到考试留美官费时（一九一〇）我才正式用"胡适"的名字。

我在澄衷一年半，看了一些课外的书籍。严复译的《群己权界论》，像是在这时代读的。严先生的文字太古雅，所以少年人受他的影响没有梁启超的影响大。梁先生的文章，明白晓畅之中，带着浓挚的热情，使读的人不能不跟着他走，不能不跟着他想。有时候，我们跟他走到一点上，还想望前走，他倒打住了，或是换了方向走了。在这种时候，我们不免感觉一点失望。但这种失望也正是他的大恩惠。因为他尽了他的能力，把我们带到了一个境界，原指望我们感觉不满足，原指望我们更朝前走。跟着他走，我们固然得感谢他；他引起了我们的好奇心，指着一个未知的世界叫我们自己去探寻，我们更得感谢他。

我个人受了梁先生无穷的恩惠。现在追想起来，有两点最分明。第一是他的《新民说》，第二是他的《中国学术思想变迁之大势》。梁先生自号"中国之新民"，又号"新民子"，他的杂志也叫做《新民丛报》，可见他的全副心思贯注在这一点。"新民"的意义是要改造中国的民族，要把这老大的病夫民族改造成一个新鲜活泼的民族。他说：

未有四肢已断，五脏已瘵，筋骨已伤，血轮已涸，而身犹能存者；则亦未有其民愚陋怯弱涣散混浊而国犹能立者。……苟有新民，何患无新制度，无新政府，无新国家！（《新民说·叙论》）

他的根本主张是：

吾思之，吾重思之，今日中国群治之现象殆无一不当从根柢处摧陷廓清，除旧而布新者也。（《新民议》）

说的更沉痛一点：

然则救危亡求进步之道将奈何？曰，必取数千年横暴混浊之政体，破碎而齑粉之，使数千万如虎如狼如蝗如蝻如蜮如蛆之官吏失其社鼠城狐之凭藉，然后能涤荡肠胃以上于进步之途也！必取数千年腐败柔媚之学说，廓清而辞辟之，使数百万如蠹鱼如鹦鹉如水母如畜犬之学子毋得摇笔弄舌舞文嚼字，为民贼之后援，然后能一新耳目以行进步之实也！而其所以达此目的之方法有二：一曰无血之破坏，二曰有血之破坏。……中国如能为无血之破坏乎？吾馨香而祝之。中国如不得不为有血之破坏乎？吾衰绖而哀之。（《新民说·论进步》）

我们在那个时代读这样的文字,没有一个不受他的震荡感动的。他在那时代(我那时读的是他在壬寅癸卯做的文字)主张最激烈,态度最鲜明,感人的力量也最深刻。他很明白的提出了一个革命的口号:

破坏亦破坏,不破坏亦破坏!(同上)

后来他虽然不坚持这个态度了,而许多少年人冲上前去,可不肯缩回来了。

《新民说》的最大贡献在于指出中国民族缺乏西洋民族的许多美德。梁先生很不客气的说:

五色人相比较,白人最优。以白人相比较,条顿人最优。以条顿人相比较,盎格鲁撒逊人最优。(《叙论》)

他指出我们所最缺乏而最须采补的是公德,是国家思想,是进取冒险,是权利思想,是自由,是自治,是进步,是自尊,是合群,是生利的能力,是毅力,是义务思想,是尚武,是私德,是政治能力。他在这十几篇文字里,抱着满腔的血诚,怀着无限的信心,用他那支"笔锋常带情感"的健笔,指挥那无数的历史例证,组织成那些能使人鼓舞,使人掉泪,使人感激奋发的文章。其中如《论毅力》等篇,我在二十五年后重读,还感觉到他的魔力。何况在我十几岁最容易受感动的时期呢？

《新民说》诸篇给我开辟了一个新世界，使我彻底相信中国之外还有很高等的民族，很高等的文化；《中国学术思想变迁之大势》也给我开辟了一个新世界，使我知道《四书》、《五经》之外中国还有学术思想。梁先生分中国学术思想史为七个时代：

(一)胚胎时代　春秋以前

(二)全盛时代　春秋末及战国

(三)儒学统一时代　两汉

(四)老学时代　魏晋

(五)佛学时代　南北朝，唐

(六)儒佛混合时代　宋，元，明

(七)衰落时代　近二百五十年

我们现在看这个分段，也许不能满意。(梁先生自己后来也不满意，他在《清代学术概论》里已不认近二百五十年为衰落时代了。)但在二十五年前，这是第一次用历史眼光来整理中国旧学术思想，第一次给我们一个“学术史”的见解。所以我最爱读这篇文章。不幸梁先生做了几章之后，忽然停止了，使我大失望。甲辰以后，我在《新民丛报》上见他续作此篇，我高兴极了。但我读了这篇长文，终感觉不少的失望。第一，他论“全盛时代”，说了几万字的绪论，却把本论(论诸家学说之根据及其长短得失)全搁下了,只注了一个"缺"字。他后来只补作了《子墨子学说》一篇,其余各家始终没有补。第二,"佛学时代"一章的本论一节也全没有做。第三,他把第六个时代(宋、元、明)整个搁起不提。这一部学术思想史中间缺了三个最要紧的部分,使我眼巴巴的望了几年。我在那失望的时期,自己忽发野心,心想:"我将来若能替梁任公先生补作这几章缺了的中国学术思想史,岂不是很光荣的事业?"我越想越高兴,虽然不敢告诉人,却真打定主意做这件事了。

这一点野心就是我后来做《中国哲学史》的种子。我从那时起,就留心读周、秦诸子的书。我二哥劝我读朱子的《近思录》,这是我读理学书的第一部。梁先生的《德育鉴》和《节本明儒学案》,也是这个时期出来的。这些书引我去读宋、明理学书,但我读的并不多,只读了王守仁的《传习录》和《正义堂丛书》内的程、朱语录。

我在澄衷的第二年,发起各斋组织"自治会"。有一次,我在自治会演说,题目是《论性》。我驳孟子性善的主张,也不赞成荀子的性恶说。我承认王阳明的性"无善无恶,可善可恶"是对的。我那时正读英文的《格子读本》(TheScienceReaders),懂得了一点点最浅近的科学知识,就搬出来应用了!孟子曾说:

人性之善也,犹水之就下也。人无有不善,水无有不下。

我说：孟子不懂科学，——我们在那时候还叫做“格子”，——不知道水有保持水平的道理，又不知道地心吸力的道理。“水无有不下”，并非水性向下，只是地心吸力引他向下。吸力可以引他向下，高地的蓄水塔也可以使自来水管里的水向上。水无上无下，只保持他的水平，却又可上可下，正像人性本无善无恶，却又可善可恶！

我这篇性论很受同学的欢迎，我也很得意，以为我真用科学证明了告子、王阳明的性论了！

****

我在澄衷只住了一年半，但英文和算学的基础是在这里打下的。澄衷的好处在于管理的严肃，考试的认真。还有一桩好处，就是学校办事人真能注意到每个学生的功课和品行。白振民先生自己虽不教书，却认得个个学生，时时叫学生去问话。因为考试的成绩都有很详细的记录，故每个学生的能力都容易知道。天资高的学生，可以越级升两班；中等的可以半年升一班；下等的不升班，不升班就等于降半年了。这种编制和管理，是很可以供现在办中学的人参考的。

我在西一斋做了班长，不免有时和学校办事人冲突。

有一次，为了班上一个同学被开除的事，我向白先生抗议无效，又写了一封长信去抗议。白先生悬牌责备我，记我大过一次。我虽然知道白先生很爱护我，但我当时心里颇感觉不平，不愿继续在澄衷了。恰好夏间中国公学招考，有朋友劝我去考；考取之后，我就在暑假后（一九〇六）搬进中国公学去了。

廿，三，十八①，北京。

① 此为民国纪年，为公历1931年3月18日。

胡适的中学生活

张立茂

一

胡适说自己“做过两年中学学生”。[1] 胡适结束中学生活是在1906年，离开现在已经110年了。今天，我们从中学生素养形成的角度审视胡适的中学生活，当有一定的现实意义。

1891年12月出生的胡适，1904年2月从家乡安徽徽州到上海求学。他对13岁离开家乡、离开母亲，说了一句凝重而有深度的话：“——孤零零的一个小孩，所有的防身之具只是一个慈母的爱，一点点用功的习惯，一点点怀疑的倾向。”[2] 他在上海六年半，1910年8月赴美留学。在这六年半里，他换了四所学校：梅溪学堂、澄衷学堂、中国公学、新中国公学；中国公学已经具有大学的性质。所以他的中学生活是在上海梅溪学堂和澄衷学堂度过的。在梅溪学堂的时间是1904年春到1905年春，在澄衷学堂的时

---

① 胡适：《中学国文的教授》，《胡适全集》卷一。安徽教育出版社2007年版，第210页。

② 胡适：《四十自述》，《胡适全集》卷十八。安徽教育出版社2007年版，第51页。

间是1905年春到1906年秋，一共两年半。[①]确切地计算，他在中学的年龄是13岁刚出头到15岁8个月。

胡适为我们了解和研究他的中学生活留下了两份文献资料，一份是他在澄衷学堂读书时所写的一百篇日记，一份是他在《四十自述》中对在梅溪学堂和澄衷学堂学习生活的回忆。

胡适在澄衷学堂的日记沉埋了近百年才面世。1948年底北平解放前夕，胡适仓促飞离，大量的藏书、手稿、日记、书信等不及带走，封存在他的北京寓所。1957年，胡适在美国立下遗嘱，把这102箱资料全部捐赠给北京大学。二十一世纪初，经北京大学图书馆整理，由清华大学出版社在2003年影印面世。影印资料多达四五百件。时任北京大学图书馆馆长的戴龙基先生慧眼鉴宝，在序言里写道："在这些资料中，《澄衷中学日记》是迄今为止发现的最早的胡适日记，起始年为1906年，……虽然胡适在澄衷

---

① 由于在晚清年代，学段的概念和界限都还很不清晰，所以，对胡适的中学生活在什么时间段、什么学校度过，学界有些不同的看法。邵建认为，"1905年，小学没毕业的胡适从梅溪学堂转到澄衷学堂"，1908年秋，胡适从中国公学退学，"这时的胡适已经换了三所学校了，却连一张小学毕业证书都没拿到"。言下之意，至少梅溪、澄衷还是小学。（见邵建《胡适的前半生》。广西师范大学出版社2013年版，第26页、36页。）戴龙基则说："虽然胡适在澄衷中学的时间只有一年，但这是他接受新式教育和现代思想的开始。"这就认定了澄衷学堂是一所中学。（见戴龙基《北京大学图书馆胡适未刊书信日记·序言》。清华大学出版社2003年版，第2页。）

中学的时间只有一年，但这是他接受新式教育和现代思想的开始，严复、梁启超等人对他都有很大的影响，对于他后来的思想、志向的形成都有很重要的作用，因此其价值不可低估。”[①]1931年，胡适已经功成名就，担任着北京大学文学院院长兼中国文学系主任、中华文化教育基金会编译委员会委员长，在繁忙的社会事务中，他以教育家的眼光写了长篇回忆录《四十自述》，其中以七八千字的篇幅回忆了在梅溪学堂和澄衷学堂的学习和生活，披露了许多耐人寻味的细节。

近十年，上海市澄衷高级中学对澄衷学堂的史料进行了发掘和研究，丰富了研究胡适中学生活的史料。

二

我们先从胡适自身的“用功”说起，尤其是他对自身素养形成上的努力追求。

据他的回忆，在梅溪学堂，他也遇到过尴尬。因为突然跳级太快，作文上遇到了很大的困难。[②]一道《原日本之

① 戴龙基：《北京大学图书馆胡适未刊书信日记·序言》。清华大学出版社2003年版，第2页。

② 刚进梅溪学堂时，胡适被编在第五班，“差不多是最低的一班”，才过了42天，“我一天之中升了四班，居然做第二班的学生了”。而这个跳级的飞跃，是在他指出了老师教课的一个错误、并根据老师的命题写了一百多字的短文之后，立即由这位老师带着他换到高了三级的教室里去的。（见《四十自述》。《胡适全集》卷十八。安徽教育出版社2007年版，第53页。）

所由强》作文题，一度使他束手无策，后来还是查阅了《明治维新三十年史》和《新民丛报汇编》等参考书才完成的。这对一个十三岁的少年是很不容易的。在澄衷学堂，也因为跳级而遇到学习上的困难，由于“澄衷管理很严，每月有月考，每半年有大考”，他的“英文、算学太低”，于是“常常在宿舍熄灯之后，起来演习算学问题……把蜡烛放在帐子外的床架上，我伏在被窝里，仰起头来，把石板放在枕头上做算题。”①

在这样繁忙紧张的学习压力之下，我们从他的日记和回忆中可以看到，他对自身素养有着很高的追求。他的日记和回忆涉及面甚广，本文仅从这些资料所涉及到的道德自省、知识自学、自治自理诸方面来加以审视。

首先是“道德自省”。他在日记本的扉页上题写：“学者所以学，为人而已，非有他也。”② 这对一个中学生而言，已经是很高的思想境界。他的日记本有“记学”和“记事”两栏。在一百篇日记中，多数只有记事而没有记学，仅有的兼有“记学”的十三篇，大多都在课外阅读之中，一再地反省自己。读《明儒学案》而反思自己“心地龌龊”、“克治

---

① 刚进澄衷学堂时，胡适被编在第五班，后来几乎每学期跳一级，到第三学期已经升到了第二班，这给他在一些学科上的学习带来了困难。（见《四十自述》。《胡适全集》卷十八。安徽教育出版社2007年版，第57页、58页。）

② 本文凡引自本书胡适澄衷学堂日记的文字，都加引号，但不再注明出处。

不勇”；读《孟子》而自责“惟名誉心太重”；读程子“学始于不欺暗室”而提醒自己要戒“好名”的缺点；读曾国藩而要求自己“一生谨慎”；读吴康斋而检讨自己“予喜规人过，而于己之过或反不检点”；读王阳明而综合归纳自身的缺点“（一）好名，（二）卤莽，（三）责人厚”。

胡适的道德自省不仅在阅读时，也在独处时。他的国文教员杨千里以“躬自厚而薄于责人”勉励他，他在日记中就提到“顾虽深自克制，犹不能克除净尽”。他的日记因繁忙而中断月余后，警告自己“无恒之过，其深如渊”。

自省即自我批判，是个人提高自我道德素养的重要途径。凡能够常常自省的人，总有一个理性的参照点，参照点的高低却因人而异。我们从上述文字可以看到，在中学时，胡适的道德参照起点就很高，对自己的道德要求很严。

在知识学习方面，我们在胡适的日记里可以看到，他的学习与一般中学生的学习确实有许多不同的地方。他有很强的自学能力，学得特别主动。学习主动是学习自觉的表现，是一个人很重要的素养，对中学生尤其重要。

参加一次欢送征兵大会，他就主动学习“各国兵制”，且比较德国、法国、英国和中国的兵制，分析各类兵制的优劣，独立地发表自己的见解。参观一次渔业展览会，就联系“前数次之故辄”，分析之前在国外展览失败的原因。购买了《世界史纲》（英文版），他就计划翻译出来，以提高自己的英文水平。读《国民读本》，对国家政治法律、成人之道、自治治人之理感到兴趣，就选择几点翻译并记录下来。

他还重视在生活中学习思考社会上的重大问题。在一次游艺会上，他看到“笑语嬉戏较剧场尤喧哗”就感到“我国之人无公德心矣”；看到江苏学政视学敷衍，就感到“实徒事虚文”；一所教会学校学生球赛爽约，他就思索教会学校“但育其为细崽之才，而不欲其具人格也”。这些思考都不是浅层次的。

尤其可贵的是，在中学时，由养成了主动阅读的习惯而注意到“思想方法”了。他说：“‘学原于思’一句话是我在澄衷学堂读朱子《近思录》时注意到的。我后来的思想走上了赫胥黎和杜威的路上去，也正是因为我从十几岁时就那样十分看重思想的方法了。”①

高度自治自理是一个人素养的综合体现。我们在澄衷学堂日记里，可以屡屡见到他积极参与学生自治自理活动的身影。

在澄衷学堂的最后一个学期，作为班长，他几乎参与了所有的学生自治自理组织，并成为这些组织的主要主持人。如“本斋自治会”、“阅书社”、“集益会”，还有“理化研究会”、“英语研究会”、“算学研究会”、“球会”。他还参与低年级“讲书社”的指导。在这些社团活动中，他草拟章程，参与选举，担任领导，发表演讲。在这一系列的活动中，锻

① 胡适：《四十自述》，《胡适全集》卷十八。安徽教育出版社2007年版，第76页。

炼和提高了自己。

作为一个十四五岁的少年，在学校里自治自理就是锻炼。锻炼就是目的。胡适到了中国公学，听到他们的辩论，颇多感慨，写道："我年纪太小，第一年不够当评议员，有时在门外听听他们的辩论，不禁感觉我们在澄衷学堂的自治会真是儿戏。"①

不仅如此，他还参与社会上的社团活动。在安徽旅沪学会的组织和章程起草过程中，他起了不小的作用。

胡适在两年半的中学生活里，丰富充实，自觉磨练，主动学习，广泛阅读，用他自己的话说，是带着"一点点用功的习惯"，对他一生良好素养的形成起到了奠基的作用。

三

学校和社会，对中学生人格和志向的发展以及个人素养的形成起着很重要的作用。

梅溪学堂创办人张焕纶先生的一句话"千万不要仅仅做个自了汉"，对梅溪学堂学生志向的形成有着积极的意义。澄衷学堂创办于1900年，是中国最早的现代学校之一。创办之初，有晚清著名文化人刘树屏先生和蔡元培先生主持，刘、蔡都是晚清进士。胡适到澄衷学堂的时候，校长是

---

① 胡适：《四十自述》，《胡适全集》卷十八。安徽教育出版社2007年版，第68页。

章梫先生(字一山)。章先生也是晚清进士,非常爱惜人才。

1902年,澄衷学堂颁布了《澄衷学堂章程》,在办学各方面有先进的思想和完整严密的设计,特别提到学生的"性灵"。"训蒙以开发性灵为第一义。教者了然于口,听者自了然于心,即或秉质不齐,亦宜循循善诱,不必过事束缚,以窒性灵"。[1] 重视学生的性灵开发,防止窒息学生性灵,成为重要的教育思想。从胡适日记中,我们也可以看到,当时的澄衷学堂非常强调学生的自治自理,各类学生社团遍地开花,为学生的发展创造了良好的条件。在学生自治自理的基础上,教员积极参与学生的社团活动,进行指导和点拨,起了不小的作用。"集益会"开会,国文教员杨千里、算学教员郁耀卿去演说;"算术研究会"成立,数学教员张琴舟代拟章程;理化教员钟衡臧发起"化学游艺会";地理教员白雅雨到场演说。学生发起"阅书社",学堂即给予提供"社所",并划拨图书予以支持。

更可贵的是,学生对英文历史课的教材《通史》内容感到不满,提出以《世界史纲》代替,"已得英文教习允诺矣"。杨千里则以刚出版的《天演论》做读本,以"物竞天择,适者生存"为作文题,用当时最新潮的思想影响自己的学生。

诚如戴龙基先生所言,胡适在澄衷学堂的时候,受到

---

① 《澄衷学堂章程》,引自上海市虹口区教育局:《百年澄衷学校章程资料及研究》。文汇出版社,2015年版,第54页。

严复、梁启超等人很大的影响，对于他后来的思想、志向的形成都有很重要的作用。胡适在《四十自述》里，回忆澄衷学堂生活时，以很大的篇幅提到他在这所学堂里，阅读了赫胥黎的《天演论》、严复的《群己权届论》、梁启超的《新民说》和《中国学术思想变迁之大势》。这些著作，对以文科见长的胡适必定会产生巨大的思想影响。①

胡适思想研究学者邵建也认为："在澄衷阶段，除了译有巨著的严复，本土思想家给胡适影响最大的就是梁启超。"②

其实，梁启超等人对胡适的影响在梅溪学堂就已经开始。在梅溪学堂，他就阅读了不少梁启超的书，还手抄了邹容的《革命军》，已经开始密切关注当时的报纸。③

这就是当时社会思潮对中学时代的胡适巨大影响。而只有在思想开放的学校，才能够得社会风气之先，引入社会新思潮，给予学生更多的启迪。澄衷学堂的国文老师杨千里在胡适的作文本上题了"言论自由"四个字，很具有象征意义。

---

① 胡适：《四十自述》，《胡适全集》卷十八。安徽教育出版社2007年版，第58页到61页。

② 邵建：《胡适的前半生》。广西师范大学出版社2013年版，第30页。

③ 胡适：《四十自述》，《胡适全集》卷十八。安徽教育出版社2007年版，第55页。

一个人十几岁的时候，正是个体素养、人格、兴趣、思想、志向初步形成的重要阶段。胡适的中学生活在自己的努力下，又得到梅溪学堂、澄衷学堂良好的成长环境，得到了思想开放的教员的启发，再加上广泛阅读了思想站在时代前沿的书籍。胡适能够成为“我国近现代史上最有影响的思想家和学者之一”，“在文学、史学、哲学等诸多学术领域都有开创性的贡献”[1] 的著名学者，他在中学阶段所形成的良好素养，当起了很重要的作用。

2016 年 10 月

---

① 耿云志：《胡适全集·序》。《胡适全集》卷一。安徽教育出版社2007年版，序第35页。

图书在版编目（CIP）数据

胡适澄衷学堂日记 / 张立茂编注. —上海：文汇出版社，2017.3

ISBN 978-7-5496-1943-6

Ⅰ.①胡… Ⅱ.①张… Ⅲ.①胡适（1891-1962）- 日记 Ⅳ.① K825.4

中国版本图书馆 CIP 数据核字（2016）第 299429 号

胡适澄衷学堂日记

编　　注 / 张立茂
责任编辑 / 乐渭琦
特约编辑 / 弓　长
装帧设计 / 张　晋
出 版 人 / 桂国强
出版发行 / 文匯出版社
上海市威海路755号（邮政编码200041）

经　　销 / 全国新华书店
照　　排 / 上海歆乐文化传播有限公司
印刷装订 / 上海宝山译文印刷厂
版　　次 / 2017年3月第1版
印　　次 / 2017年3月第1次印刷
开　　本 / 890×1240　1/32
字　　数 / 88千字
印　　张 / 7.75

书　　号 / ISBN 978-7-5496-1943-6
定　　价 / 48.00元